生活·讀書·新知 三联书店

汪义平 著

钱的性格

科学投资

图书在版编目（CIP）数据

钱的性格：科学投资／汪义平著．—北京：生活·
读书·新知三联书店，2017.12
ISBN 978-7-108-06094-5

Ⅰ．①钱…　Ⅱ．①汪…　Ⅲ．①投资－基本知识
Ⅳ．① F830.59

中国版本图书馆 CIP 数据核字（2017）第 205018 号

责任编辑　唐明星
装帧设计　康　健
责任校对　张国荣
责任印制　宋　家
出版发行　生活·讀書·新知 三联书店
　　　　　（北京市东城区美术馆东街 22 号 100010）
网　　址　www.sdxjpc.com
经　　销　新华书店
印　　刷　北京隆昌伟业印刷有限公司
版　　次　2017 年 12 月北京第 1 版
　　　　　2017 年 12 月北京第 1 次印刷
开　　本　787 毫米×1092 毫米　1/32　印张 6.75
字　　数　108 千字　图 19 幅
印　　数　0,001－8,000 册
定　　价　39.00 元
（印装查询：01064002715；邮购查询：01084010542）

目　录

下编　观察

自 序

南方的雨通常是下得突然和随意的，这几日却下得那么一丝不苟。隔着玻璃窗，我看见这认真的雨，却连轻轻的雨滴声都听不见。

这世界愈发安静和分隔了。确切地说，这世界本就是无关的，它只是主体之外的被观测体，或者，它是我们想象的合成，至少一部分是我们通过想象制造出来的吧。也许如罗素所说，这世界和我们的意识都是从同一个他也说不清楚的东西里派生出来的。或许吧！

这雨和外边的世界都是永恒的，里边的我为此颇觉烦恼：我们的生命如果也能永恒该有多好！若有信仰，也许能得到某种精神上的永恒。生命正如一滴雨一样落在地上，很快消失掉。

不行！我的意识强烈地反抗着，如同雨滴触碰地面的一瞬间会反弹，生命的本能是欲求扩张的。也因此，人类的历史充满着对抗，如各种掠夺、犯罪，乃至战争。

其实，除了对抗性的反弹，我们也可以像雨滴一样，选择与其他雨滴聚集在一起，奔流成江河，汇涌成湖海。所以，我们用智慧创造了一种存在：合作。

　　合作把野蛮的扩张变成了人类文明。我个人认为，最大且最有实际意义，也是最聪明的合作就是金融系统上的合作。这样一个通过对不确定的未来进行定价以实现资源优化配置的系统，算是我们意识的合成吧。于是就有了钱和投资的江河湖海。

　　我把手贴近玻璃窗，意念中用手心感触着缓缓落下的雨滴。这不是什么晶莹剔透，而是满心欢喜的释然与明了。

　　谢谢你，南国的雨滴。

汪义平

2017 年 3 月

上编　思考

减法

开始理解减法是在刚学摄影的时候。那时胶片很贵，不敢随意试拍，只能先学道理。原来，借助物理世界的存在和光线来表达情感，竟然是以现实为起点，大胆做减法，从而"抽"出主题和美来。其实，很多艺术都是如此。比如绘画，先不说极少主义所选择的极少的色与形，就算是细节纷繁的静物画，在做静物摆设时就做了大量的减法。更不要说中国古典诗词中"小桥流水人家"那样的减法了。

后来接触到人工智能领域，我发现它其实也是在做减法。以下围棋为例，本来围棋就是一个二进制的确定性游戏，计算机也是一个二进制的确定性系统，而人的大脑神经系统也是一个二进制的确定性系统。因此，从这个角度看，没什么智能不智能的，阿尔法狗（Alpha Go）战胜李世石就是个必然。但是，由于计算量太大，当代计算机的计算速度跟不上，于是"智能"就体现在计算机系统必须大量地减少搜索计算，做好算法复杂性的减法。

再后来就是做投资了。"对冲"是一个听上去比较高深一点的投资技术，它其实也就是做减法，即把自己弄不懂的不确定性从投资策略中减掉、对冲掉。

我曾在我的孩子们小的时候，给他们出过这样一道题目：为什么3-5＝10？

我是这样跟他们讲解的：首先我们已知3＋7＝10。因此，要知道为什么3-5＝10，只要去想7与5在这里一定是互补的，那么就应该是一个5＋7＝12的系统。钟表也好，月份也好，都是十二进制。3-5＝10，即用下午的钟3点减掉5个小时就是上午10点了。这是说可以用加法来实现减法的。

计算机也是如此！其实，计算机里的所有计算最后都是用加减法实现的，而乘法是用加法实现的，除法是用减法实现的，减法却也是用加法实现的。在工程领域，信息处理中的"去噪音"是个减法。这个减法也是可以用加法实现的。不断地叠加，噪音就被平滑地抹掉了，信息就呈现出来了。这个"用加法来做减法"的概念用到投资领域就是分散重复投资，因为重复，噪音减小了，投资的不确定性被去掉了一些，用加法实现了减法。

最终，摄影也好，绘画也好，诗歌也好，人工智能也好，对冲也好，分散投资也好，都是在做减法。

2016 年 7 月 21 日

常识坐在想当然的边上

我有两个逐渐被我疏离的"兄弟",一个叫"常识",一个叫"想当然"。常识告诉我想当然肯定是错的,想当然却告诉我常识一定是对的。孰是孰非,请读者仔细想一想,你也会被它们烦死的。爱因斯坦说:"常识就是人在18岁之前形成的各种偏见。"虽然事实上不至于如此,但常识至多是人们在各个领域获得的简单知识和科学或不科学的观察之总和,且是人人皆知或人人皆以为自己知道的那部分。而在投资领域,常识与想当然是难兄难弟,两者之间的差距仅咫尺之遥。

那么经验呢?经验不同于常识的部分在于:

1. 它是本领域内的观察和体验,而非从其他领域移植或比拟而来。由于投资决策的特殊性,移植或比拟将变得毫无意义,更可能令人误入歧途。

2. 严格意义上的经验是统计结果,而非简单的或然性观察。但经验仍然有其不可避免的一定程度上的或然性。只有逻辑是无可争辩的，是不可被击败的。

投资是关于预测未来的学问，其结果的未知性和不确定性更加要求其决策过程的严密性和科学性。因此，我们依照以下顺序做决策：

1．科学与逻辑；

2．严格意义上的投资经验；

3．一般意义上的经验；

4．常识与想当然。

我们主动寻找可以用前两项做决策的情况，同时尽量远离后两项。希望我们的投资结果反映了我们的方法论。

2014 年 3 月 22 日

资本市场是个什么东西

实体经济之心

我们首先要搞清楚，资本市场是一个什么样的东西。

资本市场是一个生态圈，特别是二级市场，它存在的意义并不是用来给投资者做投资赚钱——这不是它的主要目的。资本市场最重要的目的，是为实体经济服务。因为离开了实体经济，资本市场就不会有生产力，也根本无法创造价值。

如果说实体经济是我们人体的话，那么资本市场就是人体的心脏，它为实体经济起着供血的作用。虽然心脏不做人体能做的实际工作，但是心脏的健康和有效供血，一定是我们整个人体能够生存、生长、活动的基本前提。换句话说，虽然资本市场本身并没有直接的生产力，但是它对生产力的发展起到了非常重要且是不可或缺的推动作用。

因此，资本市场这颗"心脏"的有效供血，是保证实体经济健康有序发展的必要条件。而一些专业的投资机构和投资者，包括公募基金、私募基金这样一些投资机构，好比"冠状动脉"，又在为资本市场这颗"心脏"起着输血的作用。因此，为了让资本市场能够更好地为实体经济供血，"冠状动脉"也必须处于一个健康的状态。这样才能保证资本市场这颗"心脏"更健康、更有活力。

资本市场这颗"心脏"的健康和活力，有三个重要指标可以衡量：稳定性、有效性、流动性。

金融市场的毒药

显然大家知道稳定性的重要程度。实际上稳定性是资本市场发挥其效用最根本的前提。

人类的整个金融史、华尔街的历史都告诉我们，系统论的原理也同样告诉我们，维持金融系统稳定的根本性因素一个是参与者的理性，即对投资定价的科学思考和实践；另一个是市场结构与机制的科学性。而导致系统不稳定的因素虽也有许多，但其中最主要的就是"非理性"或者叫"情绪化"，还有就是杠杆。

杠杆会让市场系统里面的风险重新分布。比如一位投资者从银行借了钱做杠杆，那么他的风险就集中了，而银行的风险很小。在这个过程里，部分投资者把风险集中到自己头上，从而使系统风险不均匀分布。这个不均匀分布的风险，集中到非理性的投资人身上，尤其是集中到散户和一些并不专业的"专业投资者"身上的时候，危险就来了。

使用杠杆的整个过程，会导致强烈的正反馈机制，而强烈的正反馈机制则会导致市场系统不稳定（关于正负反馈机制，详见本篇文章后面专业"小贴士"的解释）。因此，保证资本市场的稳定性，首先要做的事情是要把不理性、不专业的人跟杠杆分开，因为情绪化与杠杆的结合正是导致市场不稳定的最根本的原因。

关于这方面的案例很多。其实有些非常专业的投资者，在使用很高的杠杆时，也会导致系统的不稳定。而大量非专业性投资者更不应该用很高的杠杆，因为那会导致整个系统的崩溃。

随便举两个例子。一个是长期资本管理公司（LTCM），长期资本合伙人约翰·麦瑞威瑟（John Meriwether）和他的合伙人、诺贝尔经济学奖的得主罗伯特·C. 默顿（Robert

C. Merton），在投资领域都是非常专业的，但是他们所用的杠杆太高了，直接导致了长期资本后来的关门，对整个金融市场也造成了很大的冲击。

另外一个例子是 2008 年金融海啸。2008 年金融海啸是美国政府纵容金融机构让老百姓零首付购买房子引起的，而零首付买房子意味着其中的杠杆是无穷大的。就算有 5% 的首付，杠杆也高达 20 倍。后来的事实证明，这些巨量的高杠杆所产生的负面效应，对全球金融市场和全球整体经济造成了巨大冲击。

所以，为了维持资本市场的稳定性，我们一定要尽量把非理性的情绪去掉、把杠杆去掉。可以说，让散户用杠杆，是金融市场上的一剂毒药。这剂毒药在今年（2015 年）中国金融市场快速上涨和快速下跌的过程中，起到了特别负面的作用。

信息的公开与解码

资产定价的有效性要看两个方面。

一个是信息的公开性。信息如果充分公开的话，那么整个市场的所有参与者就知道关于该资产的所有信息。如果信息不公开或是信息不对称的话，那么在不知道足够信息的情况下，有效定价就会有困难。这是一个决定因素，决定资产定价的有效性。

第二方面就是对已公开信息的科学化分析。这意味着我们应该很科学地去分析已知信息，不能片面地、不专业地去分析。这个过程很像是对公开的信息进行解码。只有当市场的信息，特别是上市公司的信息充分公开、透明、流通的时候，在投资决策的过程中充分利用科学进行"解码"，才能让自由市场找到有效的价格。正是定价的有效性，让金融资本市场成为实体经济高效的供血系统，从而让实体经济的创造力和生产力最大程度地发挥出来。

在资本市场有效的定价过程当中，金融衍生品也起到了帮助定价和及时定价的作用，这是金融衍生品的一大好处。不仅仅如此，在使用得当时，金融衍生品还能够帮助投资者降低投资风险。

但是，金融衍生品也有一个坏处，那就是一旦被错用的话，很容易"杠杆化"。所以，对金融衍生品的判断，一定要看它是结合什么样的金融主体来使用。一般来说，我们不希望情绪化的人去使用金融衍生品，也不希望非专业的人去使用它，因为那样非常容易出问题。

流水不腐

　　俗话说"流水不腐"。跟其他市场一样，如果没有流动性，资本市场就会失去最基本的功能。这种基本功能相当于供血系统在运转，血液必须是流动的，否则就会血管堵塞。血管堵塞的后果就是中风，半身不遂，甚至突发心梗。

　　那么如何能保证供血系统的流动性并提高这种流动性呢？或者说有哪些因素能影响流动性呢？

　　我们可以想象这个由无数血管组成的供血系统，如果血管阻力小的话，血液流动性就会加强。在资本市场当中，除了市场机制对各种产品交易造成的限制会减少流动性之外，任何一种"摩擦力"都会减少流动性，典型的"摩擦力"就是交易佣金、各种保证金以及各种交易中的费用，这些东西都会影响资本市场的流动性。

　　流动性的提高也有助于维持资本市场的稳定性和有效性。如果对流动性没有足够的保障，资本市场的系统也会变得不稳定，定价的有效性也会受到很大的影响。

　　我们要在投资的决策中，确保科学投资方法的使用。

掌握科学投资方法的，基本上都是理性、专业的人士，他们对科学投资方法的使用，对市场稳定性、有效性和流动性都有着很大的促进作用。

维护市场的稳定性、有效性和流动性也是资本市场生态圈健康发展的重要内涵。在科学投资的体系里面，有智慧的生存者一定要在改善投资生态环境的前提下，提高自己的生存能力。使用科学的态度和研究方法，专业投资者非常应该，也完全能够维护和提高市场的稳定性、有效性和流动性，从而促进和提高实体经济的生产力。

专业"小贴士"：正反馈与负反馈

任何一个系统，包括二级市场这样一个庞大的系统，它既有负反馈的成分，也有正反馈的成分。由于对两者的概念不够熟悉，很多时候大家会把概念用反了。举例说来，发生下跌时，融资盘被迫抛售导致市场继续下跌，并形成恶性循环，这叫正反馈，而非负反馈。

那么正反馈、负反馈是什么概念呢？我们可以举一个例子来讨论：现在假设，我和另一个人分别处在相邻的两个房间 A 和 B 中。在我的房间中有个空调：要是房间太热，可以调凉一点儿；要是房间太冷，可以调热一点儿，这便形成了一个简单的负反馈系统，而且是稳定的。但是，如果温度控制设备的接线师傅把线接错了：把我房间的空调和房间 B 那边的控制器相连了，把房间 B 的空调和我这边的控制器相连了。结果，我的房间冷时，我想调热一点，但是把房间 B 调热了。房间 B 热了之后，另一个人会在他那边的控制器上调冷一点儿，然后把我这边调得更冷了。如此周而复始，我的房间越来越冷，而房间 B 越来越热。很明显，这是一个正反馈系统。假设初始时两个房间的温度刚刚好，正反馈系统也不会有什么大问题。可是，假设有人一不小心开了一下门，有些热气进来了。就是这一点点变化，我的房间变热了，房间 B 相对凉一点儿，于是这个系统马上开始出问题，系统变得很不稳定，最终的结果是我的房间变得太热，房间 B 变得太冷。在这种情况下，这个系统一旦出了问题，想最终解决，只得靠外力的介入：打电话找人来修理，或者其他借助外力的办法。否则，我的房间会热死人，房间 B 会冻死人。

综上所述，正反馈系统，容易产生很大的麻烦。因此，我们在设计系统时，不希望系统里有正反馈，而是希望系统里有负反馈。负反馈可实现自动调节，有助于维持系统的稳定。但是，我们知道任何金融市场都有正反馈的机制，也因此每隔一段时间都有外力的介入，特别是政府监管的介入。

2015 年 11 月 23 日

投资的真谛

这是一个老生常谈的问题:"如果今天是你生命的最后一天,你该怎么活?"——是想让我回答"活得精彩一点",怕明天后悔吗?可我知道,最后一天是没有明天的,也就根本没有后悔的可能。只有过去,没有未来,有什么好问的,又有什么好想的!还不如假设今天是倒数第二天,至少还有最后一天可能会后悔的。或者假设是倒数第三天,倒数第四天,倒数第五天……嘿!问题变得越来越有意义了。

若干脆来问:如果今天是你生命的第一天,你会怎样活?突然,问题变得光彩夺目了,因为没有过去,只有未来和希望了。这便是我们生命中每一天可以选择和拥有的态度:今天是第一天。其实,再简单不过了。过去是既成事实,是不可改变的;但未来可以设想,可以思考,可以分析,可以预测,可以行动,可以创造!之于生命如此,之于投资也如此。我们要做的是把每一个今天都看作"第一天"。简单吧？！真若如此，过去的辉煌丝毫不会影响你对未来的思考和对市场的敬畏；真若如此，过去的亏损也绝不会干扰你的自信和求真的信念；真若如此，你每天心静如水，思如泉涌，激情如初，希望永在，努力不停；真若如此，你的每一刻都是朝阳升起的瞬间，幸福和期盼更是无时无刻不在；真若如此，你的所有投资决策都会是你的最好的选择，你的所有投资结果也都会是你的最好的结果！

　　投资的真谛：今天是第一天。

2015 年 8 月 17 日

风险的效用曲线

几乎所有的职业投资者甚至是业余投资者每天都有可能谈及风险控制。然而，对风险控制定义的精确理解和严谨的科学实践才是优秀投资者所必须拥有的特质。

让我们从头思考。风险控制存在的缘由是金钱的边际效用递减性和波动率对复合回报的负面贡献。由于这两个原因，同等绝对值意义上的正回报和负回报给投资者带来的边际效用是不对称的。换句话说，投资亏损 10% 带来的坏处大于获得 10% 收益带来的好处。相信但凡做投资的人都对此有所体会。

从简单直观的层面看，风险总是负面的。于是，大部分投资者的风险控制思路就是把风险降到最低。如果我们能够认识到，风险控制的存在来自投资正、负回报所带来的边际效用的不对称性，那么风险控制的目的就不是简单地把风险降到最低，而是纠正这种不对称性。如何纠正？设想一下，虽然 10% 的正回报和 10% 的负回报带来的效用是不对称的，但如果我们能将正回报提高至 20%，使之对应 10% 的负回报，那么投资者的总体边际效用就可能是非常理想的了。因此，风险控制绝不是单边规避风险或将风险最小化，而是寻求能够带来高单位风险收益的风险暴露，并减少或规避收益风险比较低的投资。

2015 年 2 月 18 日

钱的性格

人因为有热血而有个性，钱因为有时间价值和效用而有了"性格"。

金钱的时间价值是投资存在的基础，追逐投资收益的高效用是金钱的本性，而所谓高效用就是较高的风险调整后收益率。通俗来讲，钱是既贪婪又胆小，且在满世界快速飞奔寻找机会的魔兽。贪婪在于其追求高收益率，胆小在于其对风险的恐惧，快速飞奔则源于其良好的流动性和极其敏锐的嗅觉。

我们职业投资者便是这"魔兽"的管理者。我们的目标是让钱的"性格"能够在我们的管理下尽情展现，让它每时每刻都在贪婪和胆小的心态下最快速地奔跑于各个投资品种之间，敏锐地寻找低风险 Alpha，并且快速地决策和交易。

同理，当我们能够生产出高夏普比率的产品时，高收益风险比将同时满足金钱贪婪和胆小的性格，嗅觉灵敏的金钱就会主动找到我们。

2015 年 2 月 11 日

投资的思考体系

在投资的世界里，科学投资的方法论是这样排序的：逻辑（思考）、科学（验证）、经验（判断）、常识（类比）、感觉（猜测）、随大流（瞎闹）。毫无疑问，最后一种是必须被摒弃的。至于其他几类方法，我们应该依据如上次序加以重视和使用。

究其原因，逻辑排名第一，是因为它不可被战胜；科学则是通过大量统计数据证实推断，因此排名第二。与科学相较，经验证实推断依据的是一定数量的数据，但数量尚难达到统计意义所需的量级，只能排在科学之后。常识的形成一般依靠观察到散点现象，或是其他相关领域的经验，感觉则属于既无推理也无数据、无计可施时所下的"结论"。我想，无为总比随大流要好。而上述排序，理所当然。

在这里不妨引用一句唐代韩愈的话："行成于思，毁于随。"所谓"思"，就是我们排位第一的逻辑思考，遵循逻辑先行的准则，则事易成，如若因循随俗、随大流，则必毁业。

但在"思"与"随"两极之间还应该有一些"半对半错"的方法，也就是我们在两者之间加入的那四种方法。韩愈身处的时代尚无从选择"半对半错"的方法，而人类运用统计学和概率论去研判"半对半错"的方法和不确定的未来的历史可以追溯到法国哲学家布莱士·帕斯卡（Blaise Pascal）初步奠定的概率论，这距韩愈所处的时代已晚了千年。今天的我们受惠于此，则可以坐享其成了。

总而言之，大岩投资的大部分投资策略都是运用逻辑和科学的方法获得的，虽然投资仍有很大的不确定性，但正确的方法让我们对未来的长期投资结果有比较大的把握。

2014 年 11 月 20 日

有感于感性

　　就学问而言，投资学是非常混杂的。过程的博弈性和结果的不确定性常常让人们无法站稳理性的脚跟，而没有坚实的理性，学问就被玄化了。

　　"理性是指人类能够运用理智的能力。"而感性"就是意识从虚无中，以自身方式延展的自然的、自由的、无规则的"意识。其实讲得简单点：感性是不用逻辑推理的，理性却只用逻辑推理！为了有好的投资结果，我们当然希望完全使用理性而排斥所有的感性干扰。但我们毕竟是人，有感性的需要。尤其涉及金钱时，感性有时会把理性淹没得无影无踪。因此，我们一定要学会提醒自己，努力地弱化感性的影响。

　　在投资金融产品时，如果一个优秀产品的业绩增长只是个位数，但业绩持续向好，往往会有一些投资者获利回吐（得小利便抽身）。就感性而言，这些投资者期待通过这种方式得到心理上的满足，却失去了未来长期盈利的可能。理性告诉我们，当我们坚持正确的选择，会有这样的效果：$1.001^{10} = 1.010$；$1.001^{100} = 1.105$；$1.001^{365} = 1.440$。

当然，也正是有诸如此类的非理性行为的存在，才为大岩这样的专业管理团队提供了纠正市场的机会。

2014 年 10 月 8 日

风险预算

重复即可靠

为了确保大家知道我们的风险控制目标，请允许我重复前文对此进行的阐述：大岩的风险控制目标是"比较确定地控制未来的不确定性，比较确定地控制组合风险，比较确定地控制回撤，比较确定地控制波动率，比较确定地让我们的投资者安心地投资"。

无论是市场中性产品，还是不完全对冲的产品，我们始终坚持简单有效的方式，那就是把收益的波动率作为衡量风险的指标。可以确信的是，我们会制定明确的风险预算，并且很节约地使用预算成本。

让我们一起重新思考一下什么是投资。投资的决策过程是综合考虑未来收益和风险的推理过程。一旦我们事先确定了风险预算，投资就变成了如何在给定的风险预算下让收益最大化，而风险控制也就变成了如何寻找高收益的风险暴露。

寻找风险与回避风险变成了一回事：寻找高收益的风险暴露亦即回避或对冲低收益或无收益的风险暴露。

2014 年 9 月 15 日

对不确定性的确定

著名物理学家波尔曾经说过:"预测是困难的,特别是关于未来的预测。"原来,科学家也说重言式(tautology)。当然预测的困难性适于投资,但不限于投资。

就投资而言,我们仍然会试图计算未来收益的预期值,未来的风险、波动率,乃至预测未来的收益分布。未来的不确定性也恰恰是投资成为一个高难度科学的根本原因。

关于未来,唯一可以确定的就是它的不确定性。去获得收益只是我们工作的一部分,我们工作的另一部分就是比较确定地控制未来的不确定性、比较确定地控制组合风险、比较确定地控制回撤、比较确定地控制波动率、比较确定地让我们的投资者安心地投资。

2014 年 8 月 22 日

投资艺术最小化

投资的问题是一个艺术与科学的混合体，而要解决投资的问题，我们要通过各种方法努力把问题中的艺术性最小化、科学性最大化。这是非常清楚的逻辑。

要解决投资的问题，困难在于科学性的确立。严格地说，只有可能被证伪的东西才可能具有科学性。投资逻辑也好，投资模型也好，都是有可能被证伪的。当投资结果可能与模型的预测长期相悖的时候，我们必须尽可能在较早的时间点对模型做调整、修改甚至推翻模型。但是，短时间内的结果又有极大的误导性，不可轻举妄动，要根据持续的观察做出符合逻辑的科学性的修正。

2014 年 7 月 22 日

用统治我们的概率去统治投资

主宰这个世界的可能是上帝，而主宰我们日常的却是两样原有而常在的东西，它们每时每刻都在控制着我们的行为和结果，其中一个叫时间。它是一个同步器，让所有的人按它的节奏行事、生活、休息和老去。我们只能在它僵硬的框架下做出相对最好的选择。我们服从于它，因为我们知道自身无力反抗。还有一样东西与时间一样强大，我们不一定那么了解它，而且我们试图反抗它！那就是概率。概率对我们的影响比我们想象的要大很多。

我们每天都要做很多决策和决定，而这些决策和决定都是在对未来的假设下按直接显现的或隐含着的概率的大小来做的。这些行动的结果更是很大程度上依赖实际发生的情况（概率统治下的随机）。比如说，我们决定几点离开家去上班是对交通情况做了概率假设后决定的；又比如说，我们决定不系安全带也是在对自己的驾驶安全性和交通安全性做了概率假设后而决定的（虽然很可能是错误的）。我们大岩的所有投资决策当然也是在概率的统治下做出的。我们努力用最科学的方法让每个月获取正收益成为大概率事件。

2014 年 6 月 22 日

必然的偶然

职业投资者每年、每月、每日，乃至每小时和每分钟都会审慎地观察和检查自己的投资业绩，这是典型的职业习惯。每个人时刻都想通过结果对真理进行验证或是对错误进行纠正。这种想法无可厚非。

但如果我们从另外一个角度来看，结果或许很不一样。简单说来，夏普比率是收益和波动率（风险）之比。目标产品的夏普比率为 1 以下，我们不建议投资，1 到 2 可以投资，2 到 3 是很好的投资，3 以上是很稀缺的投资。夏普比率为 2，意味着收益远大于风险，同时也意味着每年只有 2.5% 的亏损可能性。（平均 40 年才亏一次！）而如此稳定的夏普比率为 2 的投资每月却依然有 28% 的亏损可能性，即每年有三到四个月可能亏损。也就是说，即便一个很好的投资每年也会有三到四个月让你怀疑自己是否选错了投资对象！这几乎是必然的！

亏损的原因完全可以是来自四面八方的偶然性。所以，当某个月出现亏损时，可能是策略错误导致的，但也完全可能是一种必然的偶然性，是"总会有不凑巧的时候"的结果。理性的职业投资者必须有能力区分二者。一味地一定要找出亏损的原因可能会错把必然的偶然性当成必然的错误，如若强行"纠正"，反而制造出错误来。这并不是说，职业投资者可以此为借口漠视自我检讨的必要性和总结经验的机会。因此，职业投资者最大的痛苦就在于如何把握和处理总结经验与坚持逻辑推理之间的矛盾。

2014 年 4 月 22 日

必然的必然

上篇文章里我用了一个自相矛盾的说法——必然的偶然，可见投资过程的纠结了。比如，随机抛硬币时连续抛出十个正面向上，显然是一个偶然事件。但是，如果你一直抛下去，这个偶然事件（指抛出十个正面向上）就必然会发生了。可谓，"常在河边走，哪有不湿鞋？"。由于存在这种必然的偶然，投资结果常常混杂着偶然和必然。

但是，与投资结果不同，投资过程可变得很纯粹，贯穿着可利用的必然。对可利用的必然的把握能力或提炼水准的高低，是判断一个基金经理是否专业或称职的关键要素。对于未来，偶然，既不可持续也不可控；必然，具备可重复性、确定性。我们每天最主要的工作就是在一大堆事物中寻找必然，摒弃偶然。

通过艰苦的思考、小心的求证，融入对追求真理的虔诚，把能够穿越未来的必然从看似偶然的事物中提炼出来，转变成稳定的超额收益奉献给信任我们的客户。

2014 年 5 月 22 日

重复与不重仓

关于重复、真理与业绩的关系，重复不仅是重要的，更是必须的！我以为有两个维度的重复：横向的和纵向的。

横向的重复就是我们通常说的分散投资，而纵向的重复当然是时间上的重复，即我们通常说的长期投资。换句话说，如果你真有好办法来投资股票的话，你一定会用同样的方法选择尽可能多的股票，并且长期投资。

但是有两个例外：一个是当你的投资额度能直接影响其结果的时候，你可以选择相对重仓；另一个就是当你的投资策略是针对具体事件时，你可以做短期投资。除此之外的重仓和短线都可能是错误的。不能直接影响结果的重仓和非事件性的短期投资皆欠科学。

2014 年 2 月 22 日

硬币的两面

统计学是为研究不确定性而建立的。想从不确定性中找到真理，最有效的办法就是重复。重复地抛硬币会让出现正面和反面的次数都越来越接近总次数的一半。科学投资就是期盼通过重复把研究出来的真理相对恒定地呈现在投资业绩中。

于是，我们每天都重复很多相同或相近的投资决策，其结果就是我们每个月的业绩呈现出相当的恒定性。一般而论，恒定性越好，真理性也越高，未来业绩持续、重复的可能性也越大。

2014 年 1 月 22 日

为了不危险

在《傻瓜威尔逊》一书中，马克·吐温写了这么一句话："10月，这是炒股最危险的月份；其他危险的月份有7月、1月、9月、4月、11月、5月、3月、6月、12月、8月和2月。"

我们希望能做到的是，让人们意识到股票投资最不危险的月份是11月，其他不危险的月份是6月、12月、8月、3月、10月、4月、2月、5月、9月、7月和1月。

是的，我们理解马克·吐温所言具有一定的道理，也因此更清楚我们投资目标的高难度，这也当然要求我们为了投资者的这份期望而竭尽所能。

2013 年 11 月 22 日

投资原理[*]

我从事投资这项事业，到今天为止已经超过 20 年了。从拿着箱子在上海静安寺街头买卖股票，到在华尔街从事量化投资，再到回国创建大岩资本，这么多年下来，我对投资有了较多相对正确的和不太正确的心得、理解和感悟，其中不乏一些特立独行的系统性思考。这些思考可能与读者在教科书和学校里面学到的传统知识不太一致。很多人从事投资、研究投资，但在投资领域，最基础、最本质的问题是什么呢？我认为是投资的原理。把投资的原理搞清楚了，投资就不再是一门"艺术"，而是一门科学，这也是我经常强调"科学投资"的原因。

一　投资的定义

要想搞清楚投资的原理，首先要理解投资的定义，而

————————

* 此篇根据作者的录音整理而成。

这个问题的答案可谓五花八门。有人说买股票是投资，有人说买债券是投资，有人说买黄金是投资；有的人思考会更进一步，认为投资是"钱生钱的一个过程"。假如说投资是"以钱生钱"的过程，那么钱又是什么呢？

本质上说，金钱是国家写给货币拥有者的一张借条。既然是借条，就有赖账的可能性。在现实世界，通货膨胀就是"赖账"的一种体现，任何国家都一样。在通货膨胀的背景下，钱不但不能生钱，反而随着持有时间的延长，金钱的实际价值都有可能会不断贬损。这一点就与我们在金融教科书上学到的知识大相径庭了：书上不是说金钱有时间价值吗？

我认同"金钱有时间价值"这一观点。但是，金钱的时间价值非常有限，而且很多教科书上并没有解释金钱的时间价值来自哪里，只是把它视为一个已经存在的事实。在我看来，金钱的时间价值主要来自以下三个方面。

首先，是社会的创造力。当社会的创造力越强的时候，创造过程对金钱的需求会增加，也因此愿意赋予金钱时间价值，金钱的时间价值就会越高；相反，当这个社会失去创造力的时候，金钱的时间价值就会变低。

其次，是社会的文明程度。如果一个社会非常文明，未来发生动乱、战争等"黑天鹅事件"的概率很小，那么人们对于金钱的时间价值的要求就会降低。相反，一个比较落后和野蛮的社会，由于未来充满了各种不确定性，金钱在现阶段的时间价值当然会更大。同时，社会的道德水准也与文明程度相一致，而道德水准高的人群因为更重视明天而使金钱的时间价值降低。

最后，是人的寿命。如果一个社会的人均预期寿命很长，人们会更多地考虑未来而不是及时行乐，在这种情况下，金钱的时间价值往往会比较低。

在此方面，日本是个很好的例子，它基本上同时满足以上三个条件。我们可以看到，日本的储蓄率非常高，利率却是负的，"以钱生钱"这一说法在日本就很难成立了。

既然钱本身是不易生钱的，那还有什么东西可以生钱呢？我认为，唯一能够带来收益的东西就是"风险"，或者说"不确定性"。我们需要主动地承担风险，以此来获得资本的回报。因此，对投资最好的定义就是：一个用风险交换收益的过程。

明确投资的定义非常重要，因为它可以帮助我们正确制定投资的目标函数——创造单位风险下的最大回报。很多人都会陷入一个误区，那就是将"投资业绩"与"收益率"直接等同起来。但是按照科学投资的定义，所谓的业绩好，应该是指"在风险交换收益的过程中，用尽可能低的风险换取尽可能高的回报"；换句话说，"收益风险比"才是业绩的同义词，而不是"收益率"。

用风险交换收益听起来不难，可是这面临一个严峻的挑战：所谓风险，指的是"未来的风险"；收益，指的也是"未来的收益"；而对于未来，我们很多时候是一无所知。因此要把投资的原理说清楚，除了要搞懂风险和收益，还要了解如何预测未来。

二　关于未来

既然投资是用未来的风险换取未来的收益的过程，预测未来就变成投资决策过程当中，必须做，也是唯一要做的事情。但预测未来是一件非常困难的事情，因为未来充满变数。我们唯一拥有的，就是历史，而盲目相信历史又是非常危险的。

关于历史，黑格尔曾经说过历史能给我们提供的唯一借鉴就是我们从历史中不能得到任何借鉴。人类的历史，很多时候都是由两样东西导致的，一个叫作"偶然性"，一个叫作"创造性"。举例来说，哥伦布发现新大陆，就是人类历史的一次偶然，是无论重复多少次，都很难再现的奇迹；QQ、微信等社交软件的出现，让沟通成本大大降低，这是一百年前的人们无论如何也想象不到的，这就是创造的力量。

偶然性和创造性让历史的发展进程充满了随机的因素，这大大降低了依赖历史数据预测未来的准确性；与此同时，人们又常常习惯直接粗暴地使用过往的经验，这会造成更大的问题。什么是经验？经验一般是有限的个案之集合，而样本数量的有限性会导致统计结果的偶然性，甚至有很强的误导性。

举个简单的例子。2015年上半年有很多人问我："大岩资本为什么不去力推股票多头产品呢？现在是牛市。"这是典型的基于有误导性的数据而得出的错误结论。首先，"现在是牛市"这句话语法上就是错的，因为"现在"是一个时间点，"牛市"是一个时间段。而他实际想表达的观点是："过去一段时间是一个牛市，因此未来一段时间也是牛市，所以应该买股票。"而我们从历史的数据再去看的话，我们会发现"过去是牛市"跟"未来是牛市"

之间的相关性几乎为零，基于"现在是牛市"的结论而做多股票的人很可能损失惨重。

既然历史的数据对预测未来有那么大的误导性，预测未来是否就成为一件不可能完成的任务了呢？事实并非如此。我们知道，所有的推理过程基本上可以分为两大类。一类叫归纳性推理，即根据数据对事物的发展规律做出总结。前面已经介绍过，历史数据有很强的误导性，因此我们不鼓励仅仅使用归纳性的推理方式总结经验；还有一类叫作演绎性推理，是指从事物本身的逻辑出发，用我们思维的延伸对其做更进一步的了解和预测。

想要预测未来，我建议优先使用演绎性的推理，用逻辑的力量去推导出一些规律。考虑到推理过程的复杂性，还应该辅以历史的大数据去验证所推导规律的正确性。只有将严密的逻辑推理和大量的数据验证相结合，对于未来的预测才会更精准一点。

三　关于风险

人人都在谈论风险，但并不是每个人都理解风险。很多人把风险直接理解成"亏损"，这是不对的。风险并不等同于亏损，风险的真正含义是"不确定性"。从这个角度来说，我们每个人做出任何一个决策，都是在承担风险。更何况，万事万物都在变化，一刻未停，谁能保证下一分钟不会发生地震、海啸呢？所以说，风险是无处不在的，我们要做的是用正确的方法管理风险。

追求风险是人类的一种本性。如果我们的祖先遇到风险就选择回避，那我们现在可能依然在树上摘果子。人类所有的进步都源于对美好生活的追求和向往，对生命存在的扩张，在这个过程中免不了要承担风险。那么在什么前提下，我们愿意承担风险呢？我认为应该满足以下两个条件：第一是这个风险不具有毁灭性，是承担得起的；第二是这个风险可以带来潜在的高收益。满足这两个条件的风险，我们称为"好的风险"，反之则是"坏的风险"。具体在投资中，一个专业的投资者所选择的投资策略里面，应该包含他希望承担的好的风险，对这种风险进行过度的风险管理是错误的。对于坏的风险，比如说毁灭性风险、纯随机的风险，都是我们不愿意承担的，应该尽量去回避它或对冲它。

我们对于风险的分类，除了"好的风险"和"坏的风险"，还可以基于风险的可知性与否，分为"已知的风险"

和"未知的风险"。在投资中,已知的风险是可以通过各类事前风控措施进行防范和化解的,但我们怎么回避一个未知的风险呢?有一种古老而经典的办法,就是分散投资,它可以大大降低未知的风险。在华尔街,如果有基金经理重仓于几只股票,不管盈亏如何,都是要向投资者道歉的。因为这相当于用投资者的金钱去赌博,使其暴露在巨大的未知风险面前。

如果我们将风险的可知性与人们的认知度结合起来,可以得到一个坐标轴(见图一)。

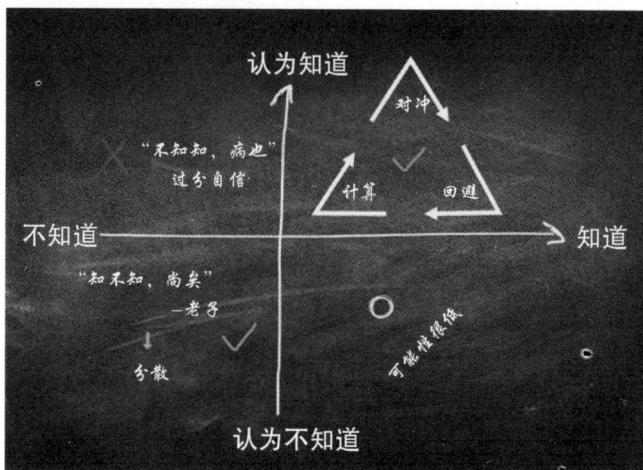

图一

第一象限和第四象限对应的是可以认知的风险。第一象限描述的情况是，风险本身是可知的，且人们也知道自己了解了这类风险，这是一种很理想的状态。作为理性的投资者，应当基于风险的特性，决定是承担它、对冲它还是回避它。这是我们对待可知风险的正确态度。第四象限描述的情况是，人们没有意识到自己已经识别了某种可知的风险。这种情况发生的概率很低，因为人们在进行决策的过程中，往往有过度自信的倾向，而承认自身无知是一件非常困难的事情。

第二和三象限对应的是不可认知的风险。面对这类风险，最重要的是要勇于承认自己的无知。老子在《道德经》里说过"知不知，尚矣"，就是说如果你知道自己认知的盲点，也是一件很有意义的事情。如前所述，如果在投资中识别了某些不可知的风险，应当采用分散的方式将其化解。所以我们常说，分散投资是投资之唯一的免费午餐。

在我们看来，投资当中最大的风险就是投资者误以为自己了解了所有可知和不可知的风险，这是人们过度自信导致的，而带来的后果往往是毁灭性的。所以，在风险管理的过程中，我们首先要识别可认知和不可认知的风险；

对于可认知的风险，应当主动承担其中好的风险，把坏的风险规避掉、对冲掉；对于不可知的风险，应该通过分散的方式去化解，这是我们对风险管理的基本理解。

四　关于收益

投资是用风险交换收益的过程。没有收益，即使风险管理做得再好也没有用，因此我们必须获得收益。但是收益是从哪里来呢？

收益有三种来源。第一种叫作运气。但运气带来的收益是随机的，从长期来看预期回报为零，所以我们只需要关注非运气的部分。非运气的收益来源又包含了两种：一种叫作市场收益，一种叫作超额收益。

市场收益是指投资标的本身创造的价值。从这个定义出发，我们可以通过演绎法得到一个结论：股票的市场收益从长期来看，是所有投资品种中最高的。为了理解这一点，我们需要洞悉股票的本质和起源。

从股票诞生的过程就可以看出，股票从一开始就代表了人类最先进的生产力和最强大的创造力。股票是最能创造价值的资产，也是风险最大的资产。因此从长期来看，包括股票在内的各种权益类投资，理应享有最高的市场收益。

相反，黄金作为一种被很多投资者青睐的资产，其实际的市场收益为零。原因很简单：黄金并不能创造价值，十年前的一吨黄金持有到今天，依然只是一吨黄金。因此我经常会告诉投资者，从市场收益的角度来说，黄金根本不是一个可供选择的投资标的，从长期来看，它无法创造高于通货膨胀的回报。

与黄金类似，国债的市场收益也很低，但并不完全等于零。前面说过，金钱是国家写给货币拥有者的一张借条，而国债相当于一张期限更长的借条。在将短期借条换成长期借条的过程中，投资者或多或少承担了一些信用风险，因此国债是应该享有一定的市场收益的。

我们回顾了美国过去100年里各类资产的回报率。其中，黄金的年化收益率勉强超过4%，基本上等同于通货膨胀率。国债的年化收益率在4.9%左右，在通货膨胀的基础上取得了几十个基点的真实回报。而股票的年化收益率超过了9%，扣除通货膨胀因素后还有超过5%的真实回报。由此可见，我们前面对于市场收益来源的演绎推理，跟美国过去100年的历史数据是非常吻合的（见图二）。

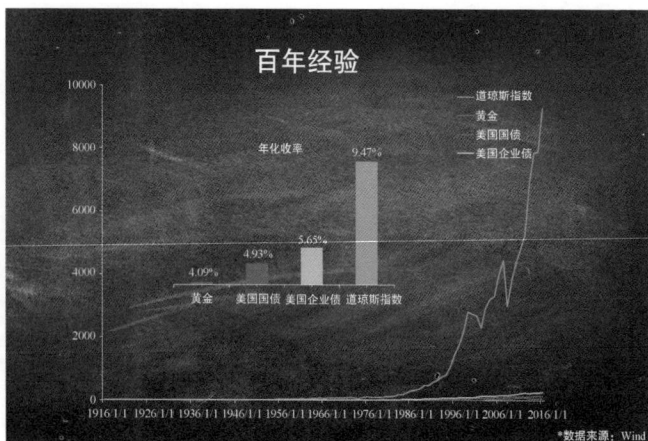

图二

更何况，这 100 年间，美国经历了第一次世界大战、经济大萧条和第二次世界大战。

投资中另一个重要的收益来源叫作超额收益，它是指投资收益超过市场收益的部分。与市场收益不同，超额收益本身是一个零和游戏，它来自市场定价的无效性，而产生无效性最根本的原因是各种干扰市场的力量在干预市场的自由定价。

在众多干扰市场的力量中，最主要的一个就是投资者的不专业。以"股神"巴菲特为例，在 50 年前，他的投资收益每年可以跑赢指数 25%，但是最近十年平均每年只能跑赢2%。巴菲特的超额收益是逐年下降的，其根本原因是50年前美国的非专业投资者与专业投资者的比例是4∶1，而最近十年这个比例则反转成1∶4。这条逐年下降的比例曲线衡量了"聪明的钱"与市场之间的距离，随着市场上聪明的投资者越来越多，市场定价的有效性也大幅提高，想要获取超额收益的难度自然也加大了。

为什么不专业的投资者会犯下种种错误、导致市场变得无效呢？我们认为有两点原因。

首先，投资者未能克服人类固有的心理缺陷。人类作为一种相对较弱的生物，在进化的过程中，很长时间以来都将生存视为第一要务，而这种以生存为核心的思考模式就会产生很多心理上的缺陷。心理学上有一个非常典型的案例叫作"羊群效应"：当所有羊都往东面跑时，即使某只羊知道西面更安全，它也不敢去西边，因为就一只单独的羊而言，它会觉得威胁太大，宁愿选择随大流。当投资者放弃独立思考、盲目从众时，往往会犯下严重的错误，导致市场定价无效。所以，心理误区是第一个原因。

其次，投资者在投资的过程当中会陷入思考上的误区。有三个主要的思考误区：第一个思考误区是把金融系统当成一个静态的小系统去理解。但我认为，金融系统是一个动态的大系统。所谓动态，是指系统内已发生的历史和现在所处的状态都会在一个多阶的关系下影响未来，而未来发生的事件又会反过来使这些关系发生变化；所谓大系统，是指这个系统当中，影响系统状况和未来变化的参数有无穷多个。我以前设计过宇航机器人的智能控制系统，这听上去很难，其实和投资相比要简单得多，因为它的参数再多也是有限的，研究人员完全可以对系统内的参数逐一分析，直到把整个系统搞清楚。而金融系统的变量太多，在很多情况下，金融系统存在不可被分析性。如果认为一个不可被分析的系统是可以被分析的，那就犯了认知上的错误。我们之前提到过"知不知，尚矣"，个人了解自己认知能力的范围是非常重要的。

作为一个动态的大系统，股票市场的短期走势，在通常情况下是无法预测的。因为股票市场的大系统属性，市场短期走势跟各种因素都会产生关联性，包括宏观经济、投资者情绪、财政政策、海外市场等，很难被分析清楚。因此我认为，在正常的市场情况下，择时是没有意义的。但是在某些市场环境下，又是可以择时的。比如说当上证综指在 2015 年 6 月份暴涨到 5000 点的时候，我们可以很清楚地看到，宏观经济已经对市场未来走向毫无影响力，影响系统未来走势的主要因素只有一个——市场参与者的情绪。在这种情况下，股票市场已经从一个大系统坍塌成了一个小系统，由于影响系统的因素变少了，我们进行准确预测和分析的可能就增大了。

第二个思考误区是关于随机性的思考误区。很多人会用常识性、确定性的思考模式去思考一个具有随机性的东西。假设某人同时买入股票 A 和股票 B，在股票 A 上面赚了很多钱，在股票 B 上面亏了很多钱，他往往会得出结论：买 A 的决定是正确的，买 B 的决定是错误的。在我看来，这种以结果为导向的确定性思维方式有很大的问题，因为它忽视了影响股票涨跌的随机性。凡是具有巨大随机性的东西都不可以用一两个案例去直接总结经验，因为这些经验都是从随机性的噪音里总结出来的，具有高度的偶然性，对于预测未来并没有指导意义，相反，人们从中学习到的经验可能有大部分是随机噪音的集合。

第三个思考误区是连续和离散的关系。这个世界大部分是连续的，股票市场也是如此，但我们经常会用离散的思维模式去思考连续的系统。一个典型的例子就是"日历效应"，包括"一月效应""月初效应"等，这在 A 股和美股市场上都可以找到大量数据支持。此外，我们经常听到"调仓频率"这一概念，但实际上，市场每天的变化是连续性的，而"每周换仓""每月换仓"所隐含的假设是离散性的。在我看来，用每月换仓来代替每分钟换仓，除了节约劳动力和交易成本的考虑之外，不应该有其他理由。

通过以上分析，我们会发现投资者的"心理误区"和"思考误区"这两点会造成市场的无效性，而市场的无效性就是产生超额收益的来源。

五　总结

到这里，结论已经显而易见。

投资是一个用未来风险交换未来收益的过程，评判投资业绩的唯一标准，就是交换的过程是否划算；而对未来的预测，是投资中唯一要做，也必须做的事情。怎么对未来预测呢？就是优先进行逻辑演绎，再结合历史的大数据，来提高我们预测正确的概率。

我们具体要预测的东西，包括风险和收益两件事情。风险方面，有好的风险和坏的风险，管理风险的手段包括回避风险、对冲风险、分散风险等；收益方面，主要有市场收益和超额收益，其中权益类投资的市场收益是最大的，黄金是不产生市场收益的；超额收益主要是由于投资者的心理误区和思考误区导致市场的无效性而产生的。

所以，最好的投资就是通过逻辑推理和数据归纳相结合的办法，来预测未来的风险和收益，然后通过回避、对冲和分散等手段来降低风险，同时通过将市场收益和超额收益叠加起来增加收益，从而实现我们的目标函数——收益风险比最大化。

这便是我的投资原理。

2017 年 3 月 20 日

下编　观察

正确定价事关人类文明

人，作为一个物种，其形成的组织、国家，都会因为物种生命本身的特征而极具扩张性。

人与人之间展现的扩张性表现在两类行为上：一类是冲突，包括犯罪、战争、种族灭绝等；另一类则是合作，包括家庭、朋友等各种社会关系和社团、政党等社会组织。冲突是用野蛮的手段扩张，其结果显然是负和的；而合作则是用文明的手段扩张，并且绝大部分情况下是正和的——这也是文明最大的功效。

成功的合作（文明）需要三个前提

不难想到，成功的合作（文明）是需要前提的：

1. 合作必须是正和的（这一点其实比较容易达到）；

2. 合作各方是理性的（这也不难，否则人们就会选择对抗）；

3. 合作是有契约约束和正确定价的。

我们很难想象一个不公平的合作能够长久维系，因此契约的约束性和正确定价是实现合作最重要的基础，也是发展人类文明最重要的基石。例如买卖物品是合作（而抢劫则是对抗），在公司上班是合作（劳动付出与报酬的关系就是定价）。因为最简单的利益驱动，这些合作文明系统里最重要的且占最大比重的就是经济系统，正是经济系统一直在努力完成资源的最佳配置，一直在推动人类的物质进步。

在经济领域所有的子系统里，金融系统的地位最为重要，它好比是经济系统的心脏，主导着整个经济系统的供血。也因此，金融就成为同军队一样受每一个比较发达的国家重视的最为关键的系统。军队为国家提供了通过对抗进行扩张的可能性，也为其社会系统和文明不遭受其他国家的破坏提供保障；金融是一个社会进行合作的最关键的系统。

我们可能没意识到，金融系统的正确定价是人类文明（特别是现代文明）良性发展至关重要的先决条件。当这个定价系统被破坏时，就好比人得了冠心病，心脏有病了，供血系统出了问题，人的生命便会失去保障。而正确的定价系统被破坏，合作的基础就不存在了，就会产生经济危机，进而影响社会稳定乃至出现大规模对抗。

国家机器要做三件事

那么如何能实现合作中的正确定价，又如何能保证金融系统的正确定价机制呢？如果我们能找到办法发现正确定价，并以正确定价无障碍地进行交易，且不受系统参与者的情绪干扰（理性是合作的前提之一）的话，正确定价就基本没问题了。所以我们用法律、用国家机器要做的事情有三件：

第一是保证定价自由，即保证在公平的环境下自由地发现价格，把干预降到最低。一般来说，人为地干预定价非常容易导致结果事与愿违。比如中国在几十年前曾发生粮食短缺甚至饥荒现象，用粮票对粮食定价，这种全面干预导致了合作系统的坍塌。而人为干预定价对金融系统的影响尤甚，因为金融市场是一个极其复杂的系统，任何依据常识性判断和有限的认知主观地干预其定价自由的行为都有可能铸成大错。

第二是使交易阻力最小化，即把发现价格之后的交易变成阻力最小的交易。所有构成交易成本的因素都形成了摩擦阻力，几乎所有限制交易的规则也都会形成阻力，从而影响系统的定价效率。金融系统中的交易阻力就像人体系统中的动脉硬化严重影响血液供应一样，严重影响金融市场为实体经济提供服务。

第三就是建立强大的负反馈机制。负反馈机制是指把参与者从非理性推回到理性的力量，这种力量保证了金融系统的稳定性，降低了它发生共振的可能性，也是阻挡金融风暴的唯一办法。融券就是负反馈机制中的一种，融券的缺乏是中国金融市场可见的隐患之一。当然也应当尽可能地把系统中的正反馈机制拆除掉。金融系统中的杠杆就是一种正反馈机制，2008 年的金融风暴、2015 年中国 A 股市场的股灾都是因为杠杆导致的。

总的来说，只有实现定价自由、交易阻力最小化和负反馈机制有效构建的合作系统才是最有效、流动性最好、稳定性最强的合作系统，才能真正长久地确定合作系统中的正确价格，而长期稳定的正确定价是人类文明的基石。

2017 年 6 月 2 日

对错误定价的爱与恨

那是 17 年前的寒冬，夜雪纷飞，纽约的郊区特别冷。当我把花了几天时间反复斟酌出的一小段文字用邮件发给我的投资者后，我长长地嘘了一口气，但内心的感觉不知道算是有那么一点点踏实，还是更加惶恐不安了。

在邮件中，我告诉投资者，在"牛"气冲天的 2 月份，我们的基金巨亏 18%，而且，我试图解释我所做的是对的。可怕的是，对许多投资者而言，那个冬季是值得狂欢的日子。

互联网技术作为人类近几十年里伟大的创造之一，让人们对世界的未来充满全新的想象。股票投资正是因为创造力而诞生的，因此，所有涉及互联网技术的上市公司的股价理所当然地开始狂升。

以科技股为重的 NASDAQ（纳斯达克）指数一路攀升，从 2000 点升到 3000 点、4000 点，再升到 5000 点，我的许许多多的博士朋友们也因为离科技很近而重仓

NASDAQ 股票，从中赚得盆满钵满。而我所有关于投资的理解和我所建立的投资模型却完全不同于市场，所有指标都告诉我 NASDAQ 指数到 3000 点就是严重的错误定价了。于是当股指继续涨到了 4000 点时，我的模型就沽空了许多科技股，而到了 5000 点就只剩下腥风血雨了。

那年冬天的每个日日夜夜都寝食难安，都是煎熬，都是理性与感性之间的战争，都是对我所认为的市场中存在如此极端错误定价的不解与憎恨。可是，作为专业投资者，我们对"错误定价"是应该热爱的。错误定价是金矿，是超额收益的唯一来源。如果没有错误定价，市场就完全有效了，靠收取管理费盈利的专业投资者就会销声匿迹。所以说，做投资就是在寻找错误定价。比如说巴菲特提倡的"价值投资"，与其说是在寻找价值，不如说是在寻找价值与价格之间的差异，即"错误定价"。宏观投资也是如此，量化投资更是如此。

错误定价可以是不同原因导致的，也会以不同形式存在。从原因上讲，有信息偏差导致的（早期的市场，包括几十年前巴菲特刚做投资时的美国市场），有研究不足导致的（新兴市场和小市值股票），有市场机制导致的（市场隔离、监管政策、税法），更有群体性行为错误导致的

（17 年前的 NASDAQ），乃至噪音型的。

形式上，错误定价可以是局部的和个体的，比如某一只股票被忽略了，好比一块 24K 的黄金按 18K 定价了；也可以是小全局的，比如说银行股被整体低估了，NASDAQ 的科技股被高估了，这就好比所有黄金都被误认为铜，或者是所有铜都被误认为黄金；当然还可以是全局的，比如 2005 年夏天，当上证综指跌破了 1000 点时，整个市场都被低估了，这就好比所有贵金属都被当成破铜烂铁了。

寻找错误定价时，我们最爱的形式是第一种，即某一块 24K 黄金被当成 18K 了，另外一块白银被当成不锈钢了。我们多热衷于寻找一些各种各样的错误定价，放在投资组合里。但是，群众的力量会让以下的故事变成必然的偶然：假如市场上的房子、汽车、石油价格都正常，他们先把某一块 24K 黄金定成 18K 的价格，于是你兴奋地买了，他们再把另一块白银定成不锈钢的价格，于是你很高兴地买了，后来他们索性把所有的黄金都当成铜卖了，你胆怯且高兴地买了（这时你会很悲摧地发现，之前以 18K 黄金的价格买的 24K 黄金已经巨亏了），如果这时候你再买以普通钢材价格定价的白银，就很难说你对这些错误定价是爱还是恨了。你本来好好地寻找各种个别错误定价的过程，不得已演变成了买了许多贵金属，演变成了某种风格。

　　市场真会这样吗？群众真有那么大的力量且那么无知吗？ 2014 年年底券商股集体翻番，而从那以后直线落后于市场直到如今；还有 2015 年的 6 月，直接在毫无宏观经济支撑的基础上把指数推过了 5000 点，小市值的股票更是被严重高估；17 年前冲到 5000 点的 NASDAQ 又回落到 1200 点。虽然这些全局性的错误让专业投资者备受煎熬，但总体上讲仍然是机会，毕竟，错误定价就是金矿！ 2017 年的 A 股市场正在从一个个单个的错误定价逐渐走向小全局和大全局的错误定价。我们对世界股票市场和中国 A 股市场的长期研究和理解以及我们的模型都清晰地识别出了这些错误定价。这些思考和模型在过去 20 年的历史数据回测中和过去几年的实际操作中都大幅战胜了大盘。

　　目前的错误定价表现在几个方面：1. 成长被严重低估，比如说创业板直接忽略两年来 30% 以上的利润和净资本的增长而创了几年来的新低；2. 小型公司的创造潜力被严重低估；3. "漂亮 50" 之类的白马股被严重高估；4. 行政对市场的干预部分肢解了定价系统的统一性，比如说让指数虚高了一些。这些严重的错误定价的叠加，已经构成了全局性的非常好的投资机会。当然，我们最害怕和最憎恨的就是严重的错误定价演变成了荒唐的错误定价。回到 17 年前的纽约，就在我发完邮件的几天之后，美国最优秀、最大的对冲基金"老虎基金"，在不堪大幅回撤的压力下宣布清盘关闭——当错误定价变得荒唐时，他们没能坚持到最后。又过了几天，互联网泡沫破了（老虎基金可惜了），我管理的 Jasper 基金也因此在大半个月里把先前的亏损赚回来了（我们是幸运的）！更有意思的是，再过了几天，大名鼎鼎的索罗斯量子基金因为大幅回撤宣布结束，而他们则是在群众性的互联网泡沫最后的狂欢中因恋战而折戟。

在我看来，证券的定价如同大海的浪，其高低由重力和风共同决定。风是暂时的，重力是最后的赢家。老虎基金是跟着"重力"走的，但在"风"最大时放弃了；量子基金是跟着"风"走的，最后输给了"重力"。对于错误定价这个金矿，我们爱的是它一定会被市场纠正，这是我们每天寻找的机会，我们恨的是当错误定价被大众认为正确时，由贪婪和恐惧组成的合力将其推向荒唐的过程。

因此，仅仅掌握真理有时候并不足以让你到达成功的彼岸，优秀的投资人还需要足够的耐心、对抗压力的毅力和理性思考的勇气。科学投资就像一场黑夜里的孤独的旅行，可能看不到几个同行的人，也会有摔跟头的时候。但是只要知道方向，只要你有足够的时间，成功的彼岸一定会出现在面前。我们非常喜欢当前的 A 股市场，因为错误定价已经非常明显，虽然短期有风险，但毕竟为长期投资创造了一个极佳的机会。

而我们，会长期与"重力"同在。

2017 年 5 月 15 日

"中国陷入中等收入陷阱"是个伪命题

听说有经济学家担心中国会陷入中等收入陷阱，令我感到愕然！很难听到比这更离谱的人云亦云了。世界银行在 2006 年提出了"中等收入陷阱"（Middle Income Trap）的概念，定义如下：

一个经济体在从中等收入向高收入迈进的过程中，既不能重复又难以摆脱以往由低收入进入中等收入的发展模式，很容易出现经济增长的停滞和徘徊，人均国民收入难以突破 1 万美元。进入这个时期，经济快速发展时积累的矛盾集中爆发，原有的增长机制和发展模式无法有效应对由此形成的系统性风险，经济增长容易出现大幅波动或陷入停滞。大部分国家则长期在中等收入阶段徘徊，迟迟不能进入高收入国家行列。

于是，我们的经济学家研究了一下世界经济的历史，有了很大的发现：能够跨越中等收入陷阱的国家和地区，寥寥无几！拉美地区和东南亚一些国家，虽然经过了二三十年的努力，几经反复，一直没能跨过进入发达国家行列的门槛。在这种情况下，经济学家们自然带着担忧的心态，审视着中国经济的严重问题：发展模式陈旧，产业升级难度大；山寨盛行，技术创新不足；贫富差距加大，社会公平性不足；腐败严重，资源配置效率低下，等等。

殊不知，历史中的许多事实都有可能是偶然的存在。如黑格尔所说："历史能给我们提供的唯一借鉴，就是我们从历史中不能得到任何借鉴。"即便光看历史，日本和"亚洲四小龙"就直接以高速增长的形式大步跨越了所谓的"中等收入陷阱"。而如今，中国有的一线城市的收入水平早已是中等收入的两倍了，大道坦途，何来陷阱？

一叶障目，不见泰山。茂盛的热带雨林中，必然存在黄了叶子的小树或正在枯萎的小草。中国经济中的那些问题，也是高速增长的发展环境中必然存在的。但是，中国经济这片"热带雨林"的自然气候和肥沃土壤依然如旧，那都源于中国人几千年文明积累中造就的能力和对财富无休止的渴望！

改革开放以来的几十年里，社会系统逐渐完善，中国老百姓被压抑多年的对财富的渴望得到了爆发性的释放：工厂中繁忙运转的流水线、写字楼里彻夜不熄的灯火、商业街上熙熙攘攘的人群、日益庞大的电商群体、层出不穷的金融创新……走过许多弯路的中国人民以时不我待、只争朝夕的精神紧紧追赶着发达国家的脚步，以令人咋舌的速度创造了一个又一个的经济奇迹，也引发了外界对于中国经济能否持续高速增长的担忧。但是，这样的担心是大可不必的！在一个稳定发展的社会中，人们的主观能动性的大小在很大程度上决定了收入水平的高低，而让中国人这种无可阻挡的赚钱欲望仅仅止步于"中等收入"，是不可能的！以深圳为例，深圳地区的人均年收入已经达到25000美元，但是深圳依然在大跨步前进，经济发展毫无减速的迹象，这是因为人们对于财富、成就和美好生活的向往是无止境的！

我们知道，经济学家依据个别国家的历史所总结的这部分经验对中国是不适用的，因为影响经济发展速度的决定性因素并不在纯粹的经济系统本身，而在于可以深刻影响经济系统的文化取向和个体因素。对于"中等收入陷阱"这样一个非常宏观的经济现象，当然会有各种因素对其产生影响，但是这些都是可以被文化取向和个体因素轻易覆盖掉的次要因素。中国人民的聪明才智和勤劳勇敢，会很容易证明"中国陷入中等收入陷阱"是个不折不扣的伪命题！

2016 年 6 月 15 日

阿尔法狗与投资

只要有速度，阿尔法狗必胜

三十多年前，我有幸聆听了人工智能先驱赫伯特·西蒙（Herbert A. Simon）讲授的认知心理学的课程，开始接触人工智能。西蒙先生在 60 年前就预测机器不仅仅可以计算，而且还可以思考、学习与创造。但这个领域的进步并不算太快，在他发出预测的 40 年后，才有了 IBM 的"深蓝"（Deep Blue）战胜了国际象棋世界冠军加里·卡斯帕罗夫（Garry Kasparov）。又过了 19 年，才有了阿尔法狗战胜围棋名将李世石。

从一开始，我们对"智能"的定义就不清晰。其实围棋是中国人发明的一个二进制的确定性的游戏。中国人显然对二进制是情有独钟的，比如《易经》的表述理念就是二进制。（大家从中看出中国文化阴阳哲学的深邃了吧？）众所周知，电脑就是一个以二进制为基础的系统。后来，笔者接触到神经学后发现，人脑也是一个二进制系统！

实际上，既然围棋是个二进制的系统，如果你有极速的计算机，战胜人类是必然且容易的事情——只要计算机有足够的计算能力去穷举所有路径就可以了。当然，阿尔法狗显然用了许多台高速计算机，但仍然达不到这么高的要求，于是必然要用一些诸如"神经网络"之类的学习技术，而这些技术本质上所起到的作用是减少穷举所需要的计算量。不难看出，我们所谓的思考、学习、创造，其实都与减少计算量有关。

阿尔法狗在投资界潜伏已久

阿尔法狗所代表的人工智能，与投资有什么样的关系呢？投资所需要面对的是一个大系统，它所涉及的参数和变量比围棋要大许多倍（还好中国人当年设计的围棋棋盘是 19×19 方格的规模，如果是 29×29，机器什么时候能打败人类就不得而知了），而且投资系统中涉及巨大的随机性和广大参与者的集体情绪，所以，它与围棋相比预测结果的难度要大很多，可解性也要差很多。尽管如此，投资中的智能系统——以量化投资为背景的自动决策与交易系统在几十年前就开始了。包括我本人从 1997 年起就开始接触、研究和实践"智能投资"了。在这个过程中，神经网络、随机过程与统计、混沌理论、认知心理学、自适应学习等都被大家用来尝试。从摩根士丹利公司（Morgan Stanley）的物理学、数学博士们，到计算机专家戴维·肖（David Shaw），当然还有数学家詹姆斯·西蒙斯（James Simons）和集众人智慧于一体的"千禧年"（Millenium），都因为成功地使用智能投资系统而获得了优秀的投资业绩。

其实智能投资已经打败人类

就在自动决策与交易系统应用于市场、走向成熟的同时，投资大家巴菲特的超额收益却逐年下降，从 50 年前的 30% 左右，下降到过去十年的平均 2% 左右，这无疑也是机器在投资领域对人类的宣战和取得的成绩。

与阿尔法狗如出一辙的是，投资系统之巨大，令智能投资创造者必须想办法减少计算量，并通过减少计算量来增加其"创造力"和确定性。办法之一是分割问题，把大问题分拆成小问题，而最简单有效的方法就是对冲，对冲让问题成数量级地简化了。在此基础上，智能投资又做了三件事情：一是避免人类情感带来的决策失误；二是对大量确定性信息的快速反应；三是人机智能的结合。

这里面简单的逻辑是：如同汽车为人类代步一样，机器早就在智能上帮助我们人类，并在局部上占有绝对优势，战胜了我们。但我认为，谈论人工智能取代人类智能为时尚早。

而在投资方面，把人类智能与人工智能最有效结合起来的，是"科学投资"。我也愿倾全部精力继续过去20年来的努力，在理论和实践上，特别是在中国的金融市场里，展现这种力量，为投资者带来利益，给金融市场带来稳定性、有效性和流动性。

2016年3月14日

中国经济好得很

作者先声明立场:

不喜哗众取宠,不喜人云亦云,亦不喜独树一帜,唯愿独立思考。

不及格的宏观经济研判

宏观经济学是关于经济系统中资源最优配置的学问,而对经济的研究大都是关于"如何提高配置效率"或者是"通过对系统结构和现状的分析来预测经济系统未来的走向或状态"。

近期的中国金融市场和世界金融市场都一致性地表现出极大的悲观和不安,其中一个重要的原因是对中国经济的严重担忧。目前,中国经济学家和西方经济学家普遍认为中国经济的现状很差,未来会更糟糕。大家只是在糟糕的程度上持不同意见。暂且不去理解他们的假设、分析和高见，他们几十年来关于中国经济的研究记录是完全不及格的。西方经济学家在预测和期待中国经济停止高速成长中，焦虑地度过了三十几年，中国经济学家则是在"2012年将是中国经济最困难的一年，2013年将是中国经济最困难的一年……2016年将是中国经济最困难的一年"的担心中一天一天数着日子过。而实际情况是，中国人在过去的三十几年里创造了人类经济的奇迹，而且，这个伟大的奇迹还在继续！

经济奇迹真正的原动力

回顾世界各个经济体的发展史，从未有一个如此庞大的经济体在如此长的时间里如此高速地增长，而且，基本上没有出现停滞与反复。

为什么？不要说这是因为"第一个十年发生了什么、第二个十年发生了什么"之类的事后诸葛亮式的细节原因，也不要说"这是中国人的时代机遇"，更不要说是因为"中国人民的勤劳勇敢"，或者企图用偶然性来解释这么庞大且非常有规律的数据。其实，这奇迹背后有着非常清晰又根本性的原因。

首先我们知道，宏观经济系统是一个巨大而动态的系统，我们对宏观经济的研究仍然是非常短暂和幼稚的。我们很容易错误地认为我们研究的，是这个系统在一段时间内的静态行为和规律，比如"经济周期论"之类的说法。而事实上，我们研究的是一个完全动态的系统，是在历史长河中非常具有爆发性的一个时间点。

正是因为系统巨大而且是动态的，分析小系统的方法是无效的。而且很可能，你分析的因素越多，你的结论就越随机，越没有意义，越接近于用分析每棵树的树枝、树叶的方法去分析整个森林。

那么该怎么办呢？我们可以回到问题的本源，即研究资源的最优配置。当要对一个巨大的动态系统进行优化时，用穷举的分析方法无异于在健身房踩动感单车，无论出多大力都是原地踏步。正确的方法是在确保整个系统结构稳定的前提下，让各种层级的子系统在其各自的环境内自行优化。而这些层级中至关重要的就是为数最多的底层小系统，即参加经济活动和进行决策的每个人、每个公司。所以，我们要关注的因素可以大大减少了。我们要确定和分析的只有两个因素：一是这些最底层的"细胞"是不是有活力；二是这个大系统是否具备基本的理性和保持稳定性的能力。

　　只要我们认真翻阅历史，就不难发现，当一个社会的总体结构理性而稳定，社会民众充满活力和创造精神时，这个社会的经济一定会处于高速发展的过程中。比如美国在过去二百多年形成的政府结构和系统的智商，以及其以移民为主的社会主体凭借闯劲所造就的一切。又比如生活最为优哉游哉的希腊和西班牙，虽然他们社会结构的智商并不低，可经济却好不到哪里去，正是因为底层的活力严重不够。而在三十几年前的中国，虽然老百姓非常渴求富足，可整个系统的理性和稳定性都不能得到保证，经济同样得不到发展。

　　再来看当前中国的这两个因素。从整个系统的智商和稳定性上看，虽然问题还是很多，但系统智商在逐年提高，在这些年经济发展带来的国力增强的保证下，稳定性也是比较有保障的。而底层因素是最具决定性的。从三十几年前到今天，以及可以预见的未来至少二十年，不管是因为穷怕了还是被欺负恼了，不管是什么原因，中国人比世界上几乎所有国家的国民更爱钱！这是中国过去几十年里，经济高速增长最根本的动力。这是用传统的框架分析宏观经济结构不可能得到的结论，这也是西方经济学家不太了解的因素，这同样是"太专业"的中国宏观经济学家不愿意做的单因素分析。

我们不会停留在对过去的理解上，"明先"是为了"觉末"。对于未来，这个积累了几千年文明而如今又极端渴望财富的民族与过去三十几年相比没什么本质变化，政府和系统也非常在乎经济发展，这就够了，这就是未来中国经济还会持续向好的方向发展的原因！这是一个极其简单的道理！

是的，很多人说中国经济目前有许多问题。当然有！比如用显微镜看任何一样干净的东西也都会发现无数细菌。但有的问题是被夸大了，也有一些是被理解错了。比如说，人民币贬值。虽然人民币急贬可能导致金融系统的不稳定，但是，有序的贬值对经济竞争力显然是有好处的。又比如说制造业的困境。当一个发展中经济体向发达经济体迈进的时候，也就必然会进入低端制造业被淘汰，而服务业所占比重不断攀升的过程。这是必然且健康的，也是我们应该期待的，实在不应该理解反了，还大惊小怪。

黄金时代正踏步而来

就当前中国经济而言，不是所有的子系统都有能力自行优化，有两个问题还是值得担忧的。

其一是国企的垄断性。垄断是资源最佳配置系统中的"癌症"。如何解决国企的垄断性，不仅需要系统智商，而且需要智慧，毕竟自断其手是一件非常不容易的事情。

其二是国企的职业经理人管理。任何国家的政府行政系统相比私营企业都是低效或极其低效的，因为大系统的管理困难是先天的。如何让国家变成国企的纯财务投资者也同样需要智慧。或早或晚，相信这些智慧都能在中国的经济系统里体现出来。

从每个中国老百姓的眼神中，谁都能看得到那种像火山要爆发似的对财富的渴望，那是一种谁也无法估量、谁也阻挡不住的能量！正是这种能量和对美好生活的追求，使中国经济在过去三十几年里以高达 10% 的速率增长之后仍然保有 6% 以上的增长率，这绝不是很多人说的"下坡路"。试问，一个少年每年长 10 厘米，到 18 岁后每年还长 6 厘米，这不叫"高速成长"，叫什么？我们的经济结构也非常有序地在消费和创业的驱动下向服务业转型，通货膨胀也保持在极低的水平，这样的经济实在是好得很！

在可以预测的未来的十年内，如此好的经济也会让金融市场持续受益。尤其是在目前市场悲观情绪所导致的较低定价环境下，理性而专业的投资者应当看到，一个属于中国金融业的黄金时代，正踏步而来。

2016 年 2 月 21 日

警惕"庞氏骗局"

经过二十余年的发展，中国资本市场已经取得了长足的进步。但是，中国资本市场仍处于新兴加转轨的阶段，离美国等发达国家的成熟市场还有很长的一段路程。由于有在美国和中国两地的金融机构工作的经历，使我能够对比两个市场的差异，深入地思考一些问题。近期，有新闻报道称，整个中国的"影子银行"在上演世界上最大的"庞氏骗局"（Ponzi Scheme）。这引起了我对中国"庞氏骗局"的关注。实际上，在国内不时有朋友向我征询购买PE（私募股权资金）、VC（风险投资）等金融产品的建议。他们也会拿些 PE 产品资料给我看，这些产品良莠不齐，一些产品风险极高，真为中国的私募投资者捏把汗。

国内有许多非常优秀的 PE、VC 公司，为投资者提供了很好的回报，也为这些年中国实体经济的发展提供了资本动力。但也不难发现，一些国内 PE、VC 公司披着合法的外衣，实际上在施展"庞氏骗局"，做着非法集资的勾当。投资是一个严肃和专业的行当，我们通过公开的信息收集一些国内的"庞氏骗局"案例，并整理归纳出一些基本特征，目的是为更多的高资产净值朋友们在购买相关产品时提供一定借鉴。

一 美国"庞氏骗局"的历史

在分析国内"庞氏骗局"案例之前，我们先谈谈"庞氏骗局"的历史。"庞氏骗局"得名于一个叫查尔斯·庞兹的意大利裔美国人。其主要原理就是利用新投资人的钱来支付老投资者的短期回报和本金，以制造赚钱的假象进而骗取更多的投资。用句中国俗话来解释，"庞氏骗局"就是在玩"拆东墙补西墙"的资金游戏。

美国有着世界上最为成熟发达的资本市场。有趣的是，美国不但是"庞氏骗局"的发源地，还出现过世界上诈骗金额最大的麦道夫诈骗案。

2008 年，麦道夫诈骗案轰动世界。作为世纪巨骗，麦道夫有耀眼的光环，曾经担任美国全国证券交易商协会副主席，纳斯达克董事兼交易所主席。在麦道夫被揭穿之前，他一直是个华尔街的明星。因为他的所谓的优秀业绩，在对冲基金市场中性分类策略中，其业绩好得令我大惑不解。我曾花了几个月的时间研究麦道夫为什么做得那么好，但一直也没敢怀疑他是在搞"庞氏骗局"。原因是，没有人能想到麦道夫几十年都在行骗。骗子隐藏得越深，行骗的时间越长，对社会的危害也越大。

二　中国"庞氏骗局"典型案例

现在我们来看看中国的情况。近些年，中国经济发展迅速，金融系统不断扩张，伴随着 PE 行业的崛起和创业板的开设，大批民营企业借助资本市场获得融资，巨大的财富效应将我国的 PE 投资市场推入高速发展期。根据投资中国网站的数据，2009 年我国 PE、VC 共募集资金 179 亿美元，到了 2011 年，PE、VC 募集资金的总额就达到了 494 亿美元，年均增长率高达 66%。市场的快速扩张反映了中国老百姓的多样化投资意识与投资需求的膨胀。但是，由于一般投资者普遍缺乏对各种金融产品的理解及其不成熟的投机心理，不少不法之徒借着 PE 与海外投资项目的幌子施展"庞氏骗局"。从 2009 年红鼎创投案，到 2010 年汇乐创投的黄浩案，再到 2011 年天津活立木伪

PE案以及2012年的华夏银行案，中国"庞氏骗局"凭借其高收益低风险的外衣和传销式的扩张模式早已潜入资本管理市场，其涉案金额与受害人数也不断上升。就在最近，深圳市又有一起PE基金诈骗案被警方破获，涉案金额高达3.6亿元。

（1）红鼎创投案

2006年，刘晓人成立红鼎创业投资有限公司。公司宣称"以本土民营资本为主体的风险投资机构"，专门从事互联网领域的"天使投资"，计划3年内投资1亿元。然而，刘晓人实际上对互联网领域所知甚少。他成立红鼎创投的主要目的是从事高利贷业务。他以高额的投资回报作为诱饵来募集资金，再通过更高的利率贷给别人。在早期的投资人都及时获得回报之后，刘晓人获取投资者的资金也越来越容易。然而，2008年金融危机期间，浙江大量中小企业倒闭，刘晓人的贷款出现大量的坏账。刘晓人不得不通过"借新账补旧账"的方式来弥补资金黑洞。2009年5月，刘晓人再也无力弥补资金黑洞，在债权人的追债压力下，不得不向警方自首。

（2）汇乐创投案

自2006年起，黄浩等人成立汇乐集团，并先后设立了汇乐投资、汇仁投资、汇义投资和汇乐宏宇等多个公司实体，对外均宣称从事创投业务。黄浩在实施骗局过程中，也真正投资了一些企业，但其投资水平拙劣，所投企业均没能带来很好的回报。但即使如此，黄浩依然通过挪用新投资者的资金来兑现承诺给早期投资者 10% 的利润分红。2008 年之后，汇乐集团先后成立了上海德浩投资管理合伙企业、天津德厚基金管理有限公司、天津德厚投资基金合伙企业，以产业基金的名义开始了新一轮融资。以上所获资金大部分被黄浩等人挪用。2009 年，黄浩等人事发被捕。

（3）天津活立木伪 PE

2009 年，天津市为了打造国内 PE 发展中心，出台了《天津市促进股权投资基金业发展办法》，对在天津注册的 PE 机构给予财政、税收等方面的政策优惠。在这种政策鼓励下，不少 PE 机构纷纷在天津成立投资基金。不过，不少骗子也开始借机行动。2010 年，天津活立木股权投资基金成立。在公司的对外宣传材料中，公司看起来颇为光鲜。

一方面，活立木公司注册资本高达 50 亿元，显示其强大的经济实力，但最终实际缴纳资本为 0。不少投资者在看到公司高额的投资收益时，也感觉到这里面可能存在欺诈情形，但是公司高额的注册资本让投资者起了侥幸心理。另一方面，活立木公司董事长李宏有较高的社会地位，公司也有较大的影响力。比如，李宏被邀请出任《天津印象》（天津市发改委组织编辑的大型工具文献书）编委会特邀委员，该公司是中国投资协会创业投资专业委员会理事单位。

活立木的故事和典型的"庞氏骗局"案例一样，在高额的投资回报的吸引下，公司迅速募集大量资金。随后，公司被举报揭发，案件很快就被公安机关侦破。截至破案时，活立木骗取的资金高达 16 亿元。

（4）华夏银行理财案

2012 年 11 月底，不少投资者来到华夏银行上海嘉定支行讨说法，要求银行兑付到期的理财产品，由此揭开了一桩理财产品骗局。

河南新通商集团旗下公司众多，从事房地产、投资、汽车贸易等多种业务。但其真正的核心业务是贷款及担保。新通商集团通过各种形式和名义吸收公众存款，再以较高的利率贷出。2011 年，公司发生较大规模的坏账，资金链紧张。新通商集团通过传统的方式已经比较难于募集到资金了。于是，公司通过在北京注册的通商国银资产管理有限公司来募集资金，该公司对外宣称主要从事 PE投资。通商国银通过华夏银行发行了四期股权投资计划，名称分别为中鼎财富一号、中鼎财富二号、中鼎财富通航、中鼎迅捷，这几个产品预期收益率在 11%～13%，认购门槛不低于 50 万元人民币。该产品通过华夏银行理财柜台出售。由于是在银行柜台出售，大量的投资者对此毫不怀疑，认为不过是普通的信托理财产品。但后来查明，所有合同都不通过华夏银行，而只是一个华夏银行员工的"飞单"行为。在该产品发行之后，资金迅速被新通商集团挪用于弥补以前的资金缺口。2012 年 11 月底，该产品到期后，新通商无法偿还该笔资金，于是出现了投资者到该产品的发行方华夏银行讨说法的闹剧。

（5）金博亿案

于勇洪早年在黑龙江省与人合伙开煤矿，因经营不善，煤矿亏损严重而南下来到广东。2011 年年初，于勇洪来到深圳，与几名从事过基金行业的代理人合伙注册成立了金博亿公司，于勇洪的"庞氏骗局"开始上演。

金博亿宣称是经深圳发改委及深圳金融办授权设立的专业金融投资机构，"股权投资—股权管理—股权经营"

和"资产经营与资本经营相结合"的独特运作模式，即资本投入获得股权、股权管理提升企业价值、股权转让或股权经营分红获得收益，从而实现基金投资者的投资保值增值。金博亿声称于勇洪是私募高手，是"中国的巴菲特"。

根据金博亿的产品介绍，其基金产品分为 3 个月、6 个月或 1 年，每月的收益至少在 6% 以上，投资期满后金博亿将返还全部本金。但和所有的"庞氏骗局"一样，金博亿不过是在玩一场"拆东墙补西墙"的游戏。这一切仅仅是画饼。最初，金博亿的确向投资者支付了高额的回报，最高时一度达到每月 8%。但这种局面并没有维持多久。

金博亿的资金链自 2011 年 9 月就出现断裂，公司创始骨干纷纷潜逃。此后金博亿开始以项目转股权的方式，继续忽悠投资者以吸收大量资金，骗来的钱去垫付前几批投资者的回报，但当项目到期后，本应偿还的本金一再拖延不还。

三 "庞氏骗局"的四个共同特征

"庞氏骗局"形式多样，变化繁多，但是万变不离其宗。通过列举国内外的"庞氏骗局"，说明"庞氏骗局"具有的一些共同特征。为让高净值朋友们容易记住，我把"庞氏"骗子类比为精通骗术的动物。同时，把"庞氏"骗子的典型骗术相应地用动物的骗术去比喻。即"流泪的鳄鱼""断尾的壁虎""变色的蜥蜴"和"装死的狐狸"。当然，施展"庞氏骗局"的骗子还不如这些动物。因为，这些动物施展骗术可能仅是为了保护自己，而骗子是为了敛财，实际坑害别人。

"流泪的鳄鱼"——世界上最不可能发生的好事，实为坏事。鳄鱼在窥伺捕猎对象时，往往会先流眼泪，被误认为有"慈悲之怀"。在所有的"庞氏骗局"中，骗子为了吸引投资者的注意，投资的产品一般都标榜风险低但给予高额的回报。能把很高收益但只有很低风险的产品卖给你，这样的好事实际上为坏事，恰如"鳄鱼的眼泪"。

产品具有让人难以相信的高收益和低风险，这一点是"庞氏骗局"最主要的特征。一般来说，大部分人都很难在很低风险下创造很高的回报。如果一个投资品风险极低，收益极高且确定，那么这个投资品就有些"太好而不够真实（too good to be true）"了。

"断尾的壁虎"——资金进行乾坤大挪移，资金链迟早会断掉。在遇到危险时，壁虎可通过断掉尾巴来逃脱，然后再长出新尾。"庞氏骗局"要得以运作下去，必须使用后来投资者的资金来支付前期投资的投资收益。当骗子的资金链断裂时，挪用资金的把戏便掩盖不下去了，未及时撤出或最后进入的投资者就会血本无归，就像壁虎断掉的尾巴一样被抛弃。

PE、VC 等金融产品中，频繁出现"庞氏骗局"的原因就在于资金未实现第三方的有效监控。骗子通过操纵财务来挪用资金难以被发现。如果投资者的资本经第三方托管，使经营者与资本有着实质性的分离，经营者是很难挪用投资者的资金的。在这种情况下，投资者的资本就安全多了。

"变色的蜥蜴"——善于乔装打扮和包装，用于迷惑投资者。蜥蜴会根据环境的不同改变自身的颜色，使天敌分辨不出来，从而达到隐藏自己的目的。这一招也是骗子们常用的招数。为增强可信度，他们会巧妙地变更自己的身份。实际上，他们大多数对金融投资、对 PE 缺乏真正的理解，从业背景也不具备相关经历，但是会将自己包装成一副专家的模样。

如果 PE、VC 公司的核心人员不具备专业知识和经验，做的事情和其能力不匹配，投资者就要小心了。当然，一些高明的骗子会拉拢一大批行业专家来为其"抬轿"，增强信誉。受拉拢的专家通常只是挂名，并非真正在公司里任职。骗子乔装打扮的目的就是在表面上让投资者感觉他们是非常正规的公司，从业人员非常资深，有很强的实力，从而失去警惕性。

"装死的狐狸"——有意用缺乏流动性的"死资产"来操纵估值，掩盖真相。猎人若击中狐狸，狡猾的狐狸会装死。猎人以为狐狸死了，就放松了警惕，狐狸然后伺机逃跑。狐狸装死的迷惑性很强，使猎人有时都难以分辨。在典型的"庞氏骗局"中，骗子有意把缺乏流动性的资产装入项目中，并且把投资产品弄得比较复杂或者比较神秘，比如投资国外的不动产等。一般投资者缺乏足够的能力对这些项目进行合理的估值，也不能及时了解投资的实际运作情况。很多骗局中，其宣称的投资大量位于海外，更是加大了投资者获取信息的难度。

PE、VC 产品，由于多采用有限合伙企业的方式运作，难以进行第三方的监控，同时也不进行盯市，更无法进行合理的估值。因此，PE、VC 产品易于成为"庞氏骗局"的温床。对比而言，投资二级市场的阳光私募产品，特别是通过采用信托等能够进行第三方监控的通道，并且投资的股票等资产是"活资产"的产品，比较容易进行估值和盯市，实施"庞氏骗局"较难。当然，阳光私募产品也可采用有限合伙企业运作。如果采用有限合伙企业运作的阳光私募产品具有以上"庞氏骗局"的多个特征，同样需要警惕。

高资产净值的朋友们，当发现自己碰到具有多个特征的 PE、VC 等金融产品时，请擦亮眼睛，多一个心眼，不要相信鳄鱼的眼泪，不要喜爱蜥蜴的五彩，不要可怜装死的狐狸，更不要成为壁虎的"断尾"。

2013 年 9 月 8 日

当一个甩手掌柜

以理性的投资理念，享受专业的投资服务，当一个智慧的"甩手掌柜"，其实是一个提高幸福指数、提高生活质量的过程。所有的努力，都是为了生活与生命的美好，而我们做投资的终极意义，不正是如此吗？

投资与炒股

投资与很多事情相比，有着极其明显的特征。

首先是复杂性。投资是一个极其复杂的过程，而且从投资开始到产生结果，都有巨大的随机性。说到巨大的随机性，给人的感觉很像是赌场。资本市场不是赌场，但是和赌场有很多相近的地方。比如结果的随机性，因为结果的随机性会让人产生一种错觉。这种错觉告诉我们：既然结果如此，便意味着懂和不懂的人都是可以做投资的——反正都是在碰运气。

但事实上和道理上，事情都没有那么简单。因为要解决的问题本身带有极大的随机性，所以，当需要找出最好的解决方案时，就会比这个系统没有随机性的时候，还要困难得多。而要在一个充满大量随机性的系统里面寻找规律，又是一个更难更专业的事情。

简单说，投资是一件看上去人人都能参与，事实上却对专业性要求特别高的事情，它比很多自然科学研究都需要更高的专业性，而且所涉及的学科交叉之复杂，也是比较少见的。

然而举目四望，我们看看这个发展中市场的投资者，看看沉浮在中国 A 股市场里的投资散户们，他们并不是这么想的。

我经常会问别人一个问题：如果你家下水道坏了，你请谁来维修？答案一定是疏通下水道的人。自己的头发长了，我们也一定会去找理发师傅来理。为什么？因为人家是专业的。那么同样的问题是，像股票投资这种更需要专业性与专注力的事情，为什么要自己去做呢？

2015 年上半年"牛市"的时候，全民茶余饭后言必谈"炒股"。炒股是什么意思？炒股就是"买进卖出股票"，就是买那么几只股票，再伺机卖出，如此反反复复做短线，甚至还会再加杠杆。

我们应该知道一个最基本的经济学概念：从人类的整个经济发展史来看，投资股票是所有的投资产品当中收益率最高的。换句话说，长期投资，股票是最好的选择。但是因为股票的随机性、股价的波动性以及股票在短期内的不可预测性，导致了短期投资股票的风险巨大。所以说，短期投资，股票又是最差的选择。

由于股票市场存在巨大的风险，所以分散投资就变成了投资行为中的一个必选动作。也同样是因为风险巨大，所以在投资股票的过程中，最好不要加杠杆，而应该用一个小于自己资产总量的比重去做股权类投资。

找到专业的人

对于散户来说，要做股票投资是可以的，但股票投资是一个非常专业的技术活，外行人做的话，顶多是投点小钱自娱自乐，且这也只能是唯一的目的！

既然个人投资者用一点小钱做股票投资是在娱乐，那么如要动用到更多的钱，就必须有专业的人来帮忙打理了。这好比一个不懂行的东家要做生意，一定要自己当

"甩手掌柜"，而让懂行的人来做真正的执行掌柜。

但是找到专业的人也并非易事。一方面在发展中市场，专业的队伍不够强大，"专业"的人也不够专业。另外一方面，对投资者来说，有一个非常大的困难，就是无法判断谁才是够专业的人。

因此，要做股票投资，基本上只有三个办法。

第一个办法，去找专业的平台式机构。那里有比较资深的客户经理，他们在专业领域见多识广，比普通投资者更有能力判断哪些机构是专业投资机构，哪些人是更专业的人。

第二个办法非常简单，就是投资整个市场的指数，直接买指数所囊括的成分股。买指数不要去挑挑拣拣，不要管什么蓝筹股、创业股，因为这种选择本身需要有很强的专业知识，没那么简单。所以在选择指数的过程中，应尽量选择全市场的指数。

第三个可做的选择有点难，就是要你自己去寻找一个专业的团队来帮你打理。

很多人在寻找专业队伍的时候，会要求这个专业的队伍讲自己的投资策略是什么。但是，如果你真的能从策略的角度去判断一个团队专业不专业，那你自己基本上也就是专业的人了。所以当你自己意识到自己不专业，而寻找专业人士的时候，你是很难判断他们策略的科学性和准确性的。

怎么办呢？有两个重要的考量。

首先，是要看看这个团队是不是靠谱，是不是有一帮靠谱的人在认真做事情。团队靠不靠谱，可以从多方面去观察与分析，比如说他们的从业经历、教育背景、个人素质，他们为人是否诚恳、是否踏实，是不是一帮有智慧的人，他们的团队成员结构是不是稳定等。

其次，是看这个团队的过往业绩。

说到业绩，需要提醒大家千万不要犯一个错误，那就是把业绩和收益率等同起来。

如果光看收益率，就相当于有人把你的钱拿到澳门去赌博，结果运气好，赚了百分之一千，或者买彩票中了百分之一万，收益率高达十倍甚至百倍，这种收益率是毫无意义的。因为这其中暗藏着比收益率恐怖无数倍的风险！

那么什么是业绩呢？对业绩的判断，要把收益率和风险两个因素同时考虑进去。

有一个专业衡量业绩的指标，叫夏普比率，但是用夏普比率来判断业绩，需要保证被判断对象能产生一连串收益率的数据。这个数据需要被进一步细化到足够多的点。如果说一个机构过去三年都赚钱了，那么它描述的是三个数据点，而三个数据点远远不能说明问题，因为碰运气也有可能碰出来。如果描述得更详细，发现其过去三年的150周，其中有120周都是正收益，这就很能说明问题，因为数据点足够多。同样是三年的业绩，但是后者含有150周数据的这个业绩，看上去就靠谱得多。

有了充分的数据点，从数据里面看到收益的稳定性，就是风险比较小的业绩表现。

资产配置

在资产配置的过程中，如果觉得自己不够专业，那么可以参考一个简单的办法。

这个办法我们姑且称为"股权年龄比重法"。它可以用大概的范围来指引我们在资产配置中，股权投资所应占的比重。这个比重算法很简单：用100减去你年龄所得到的数值再除以100，得到的百分比就是你应该投资在股权类资产上的比重。例如，一个35岁的人，应当有65%的钱投资在股权类资产上面，而一个 45 岁的人，这个比例就应该要降到 55%。以此类推，这是一个大概的配置框架，当然还要根据市场的状况，适当进行增减选择，但是应该控制在这个比重的左右。

这个比重范围很重要，如果完全超出这个范围做投资，就会因为风险承受得过大而带来较大的精神压力，进而会影响我们的正常生活。如果把资产的 100% 作为极限，把股权投资比例拉到"爆表"——比如拥有 1000 万元资产，然后又借 3000 万元做杠杆来投资，投资总额达到个人资产的 400%——那就特别危险了。

投资的终极意义

通过科学的投资理念与投资方法，我们能够把最不理性、最不专业的"噪音"从市场中去掉，对所有投资者、对整个市场都非常有好处。但是，市场"降噪"的整个过程如前文所述，需要专业人士更多参与。与此同时，还需要投资者不断认识到投资的专业性、复杂性，让想做的投资由专业投资者帮忙打理，这个市场的乱象才会少很多。

当市场上的投资者都是专业人士，以及整个市场变得有序和有效，投资者不用承担那么大的风险，进而就可以回避因为非理性、非专业投资导致的对自己家庭生活、个人生活甚至是生命健康所带来的不利影响。

从这个角度看，我们会发现，以理性的投资理念，享受专业的投资服务，当一个智慧的"甩手掌柜"，其实是一个提高幸福指数、生活质量的过程。

所有的努力，都是为了生活与生命的美好，而我们做投资的终极意义，不正是如此吗？

专业"小贴士"：夏普比率

夏普比率（Sharpe Ratio），指基金绩效评价标准化指标，是成熟市场的主流评价指标。该指标相对客观地反映了基金运作中，单位风险下换取的超额收益（超出市场无风险收益率的收益），即风险调整后的超额收益。投资者在选择与比较基金产品时，应尽量选取夏普比率较高的产品。

科学投资认为产品的夏普比率低于1是要非常谨慎的，1到2之间是可以投资的，高于2则是非常值得投资的。夏普比率长期大于2，是我们一直以来追求的投资业绩。

2015 年 12 月 23 日

股票的真相

最近，股票市场看上去似乎有了小小的起色，但在经历了持续几个月的震荡之后，投资者们在市场之中的举棋不定成了一种普遍的现象。

在市场变化当前举棋不定，是没有信心的表现，也是对股票的真相没有足够理解的表现。当然，金融市场作为一个巨大并且瞬息万变的系统，投资人的每次决策不可能都有足够的知识和信息作为支持，更何况上一秒的信息往往在下一秒就已经失效了。

但是，有一些知识和信息在股票市场上是恒定有效的，就是那些揭示股票市场核心逻辑的本质定义。如果我们能深刻洞悉这些最基本的定义，即便在市场险象环生的时刻，我们也会胸有成竹。

理解股票市场的核心逻辑，需要了解股票的起源。换句话说，知道了股票是怎么来的，你就知道了关于股票的真相。

大航海时代，欧洲人开辟出了通向世界各地的航运路线。人们发现各块大陆从 A 地到 B 地之间有着无限的商机。于是，商人们纷纷从欧洲出发，扬帆驶向世界各地。全球海上贸易自此进入了大繁荣与大发展的阶段。

毋庸置疑，海上贸易的利润是巨大的，但航海过程中所遇到的狂风、巨浪、海盗等不确定性因素所带来的风险同样也是巨大的。船东在投资了一艘远洋贸易船之后，要么等来交易满舱货物而喜获巨利，要么等来船毁人亡的噩耗而倾家荡产。

一段时间之后，商人们发现，要想既赚钱又不至于承受倾家荡产的风险，最保险的办法只有一个，那就是用"凑份子"的方式，多人投资一艘船。将独立投资一艘船的资本分散投资到十艘船甚至更多的船上。这样的话，钱照样赚，就算是有船翻了，其风险损失也在可承受范围。

后来人们成立股份公司，并把手上持有的股份，拿出来和有投资意愿的人进行交易。如果所持有股份的那艘船预期很赚钱，那么股份就能卖个好价钱；反之，就只能卖个低价钱，甚至卖不出去。直到后面有了公开的交易市场。这就是股份制和股票市场的雏形，其基本原理一直保持到现在，几百年来都没有发生根本性的改变。

于是，从股票的起源，我们可以得出一些清晰的结论。

首先，一定要投资股票。因为股票是人类历史上最赚钱的东西，但同时也是风险最大的资产类别。因此，就大类投资而言，长期投资，股票是最好的选择；短期投资，股票是最差的选择。

其次，一定要分散投资。因为股票在高收益的同时，也存在着高风险，所以绝对不能把所有的投资放在一只或少量的几只股票上面。从这个角度看，"重仓某只股票"是最没道理的一个理论（除非信息极端不对称，才有低风险套利的可能）。其实，分散投资是资本市场上唯一的免费午餐。

再次，一定要合理配置，不能用所有的钱去买股票，要用低于投资人总资产的钱去买股票，然后用剩下的钱去做别的投资，比如说债券、房产等。作为个人投资者，投资股权的比例可以用100减去年龄得到的数值再除以100后所得百分比来进行概算。如40岁的人，可以动用60%的资产投资股权。

最后，一定不要加杠杆。因为借债投资股票，意味着所承受的风险已经超越了自身资产所能承受的风险极限。

很多散户利用几倍杠杆去砸一只或几只股票，其本质无异于借债赌博。知道华尔街历史的人一定会告诉你，华尔街上几乎所有的灾难都是加杠杆导致的。

以上从股票的起源我们看到的是一个逻辑性的框架。只要框架对了，便意味着离做好股票投资更近了一步。至于专业的细活，比如择时进入、估值判断、标的选择，等等，这些非常理性科学的投资决策，则需要经过多年历练的专业人士才能做好。

但是，不管专业细活怎样做，最重要的是要把概念和原理搞清楚。术循道轨，大道至简。理解了股票市场的内在核心逻辑，按规律做事，我们才能在股市风雨里闲庭信步。

这，就是股票的真相。

2015 年 10 月 26 日

对冲是不对的

投资即是用风险交换收益的过程。为了让单位风险能换取最大的收益，我们把那些不能换取较高收益的风险去掉，这样剩余的风险每单位所换来的收益就会变大，这个过程就是对冲。

而在二级市场，目前可以用来对冲的主要手段是通过做空股指期货来去除市场风险。我们要做的分析就是，所对冲的这部分对于优化风险收益比是否具有价值。目前随着股指点位的不断降低，以及贴水的增加，市场的预期收益也在逐渐好转。而贴水的增加不仅明显提升了做多期货的预期收益，同时也大大抬高了对冲带来的风险。因此，在当下的市场环境中，对冲是不对的。

当然，随着市场环境的变化，在未来，对冲仍然会成为很好的管理资产的必要手段。

2015 年 7 月 7 日

中国A股十年上万点

回顾 2012 年，中国 A 股市场几经沉浮，从年初的高冲回落，到中期长达 7 个月的持续下跌，再到年尾的戏剧性回升，整年的表现可以说是跌宕起伏。展望 2013 年，伴随着新一代领导班子的上台，中国经济体制改革的趋势初现端倪，可以预见，市场化的进一步深入将给中国经济稳定、持续的发展注入更多新的动力。同时，A 股市场的不断开放和投资者的日趋成熟，必将给 A 股市场长期"牛市"的到来拉开序幕。

2012 年的时候，我和一位看空中国市场的朋友打过一个赌，我告诉他："上证综指，5 年内至少涨到 5000 点，10 年之内至少涨到 10000 点。"这句话就是放在今天恐怕还是会有很多人质疑。那么现在，我就来谈谈我的推理和依据。

一 股票投资是短期投资的最差选择，是长期投资的最好选择

"这是一个最好的时代，也是一个最坏的时代。"狄更斯这句经典开场白用在股票市场里同样成立，"股票是最好的投资，也是最坏的投资"。我曾在不同场合，不止一次地谈到过："股票投资是短期投资的最差选择，是长期投资最好的选择。"

美国宾夕法尼亚大学沃顿商学院的杰里米·西格尔（Jeremy J. Siegel）教授曾经基于对美国和人类历史的研究，对各类投资品种近两个世纪的历史回报情况做过一个调查，其结果如下（见图一）：

从1802年到1997年，在全球经历了两次世界大战和数十次经济危机之后，美国股票市场依然保持了平均每年近8.5%的长期回报率，大大超出其他投资产品。股票，作为一种买入他人劳动与智慧的投资方式，其较高的长期正回报率是人类社会生产力与文明进步的反映。长期投资一国股票市场，也是分享该国经济发展成果最为有效的方法。

在中国，很多老百姓非常关心股票，他们上班看股

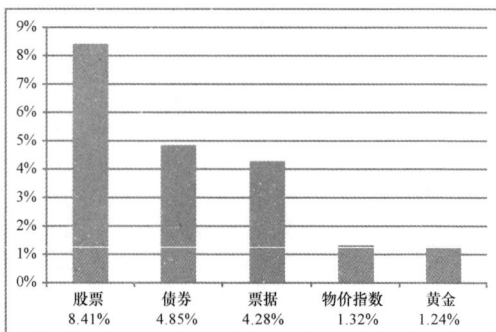

数据来源：Jeremy J. Siegel（2008）Stocks for the long run

图一 1802—1997 年各类投资品种平均年化收益率

票，吃饭看股票，有的睡觉前也要做研究，结果往往是高买低卖，追涨杀跌，精力花了很多，到头来钱没赚到，反而发觉自己被短期股价牵着鼻子走了很多年。于是有人就开始抱怨："A 股市场不靠谱。"但是 A 股到底有多不靠谱呢？我喜欢用数据说话（见图二）。

图二是 1990 年底到 2012 年上证综合指数的历史数据。在中国经济腾飞的这 22 年里，上证综指虽几经波折，却基本保持了强劲的上升趋势，即便现在尚处休整期。回首而望，于此 22 年里，上证综指还是保持了高达 15.2% 的年化复合收益率。

从此看来，不是中国股市不靠谱，而是短线投资者没

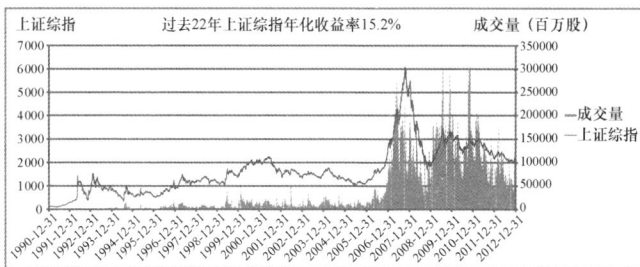

数据来源：万得资讯

图二　1990—2012 年上证综指

能把眼光放得更长远些。对于聪明的投资者来说，长期投
资股市一定会有丰厚的收获和回报。

二　什么是股市增长的动因

　　要判断一国股票市场的长期走势，首先要理解投资
股票回报的真正动因。股票市场是经济资源配置的重要机
制。它既是一国经济活动的组成部分，又是该国经济整体
运行状态的直接反映。在短期内，受投资者心理因素，或
者操作技术方面的影响，其可能会与本国宏观经济状况
表现得时有脱节。但是，从长期来看"股市将一定会是一
个国家的经济发展的晴雨表"。为此我专门做了一个统计
（见图三、图四，表 1、表 2）。

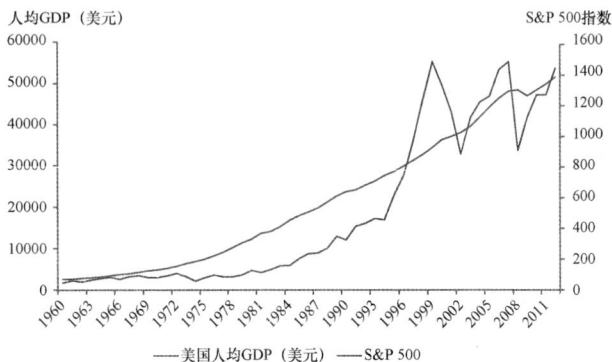

人均GDP（美元）　　　　　　　　　　　　　S&P 500指数

——美国人均GDP（美元）　——S&P 500

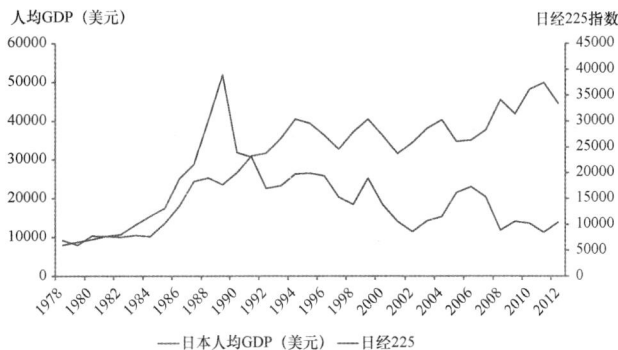

人均GDP（美元）　　　　　　　　　　　　　日经225指数

——日本人均GDP（美元）　——日经225

数据来源：万得资讯

图三　发达国家人均 GDP 与主要股市的关系

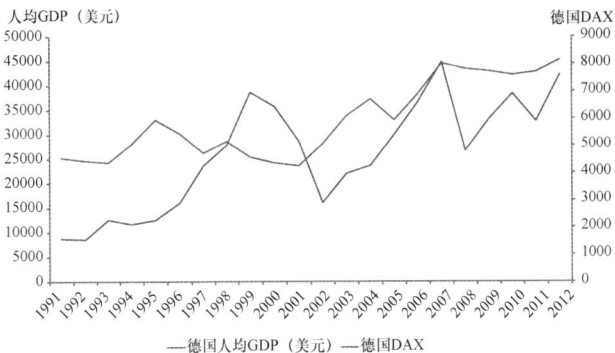

人均GDP（美元）　　　　　　　　　　　　　　　　　　德国DAX

——德国人均GDP（美元）——德国DAX

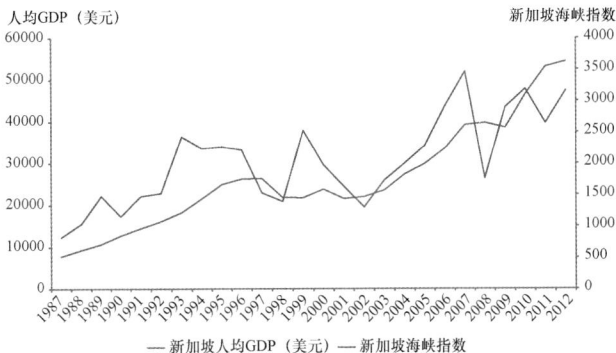

人均GDP（美元）　　　　　　　　　　　　　　　　新加坡海峡指数

——新加坡人均GDP（美元）——新加坡海峡指数

数据米源：力得资讯

图三　发达国家人均 GDP 与主要股市的关系（续）

人均GDP（美元）   上证综指

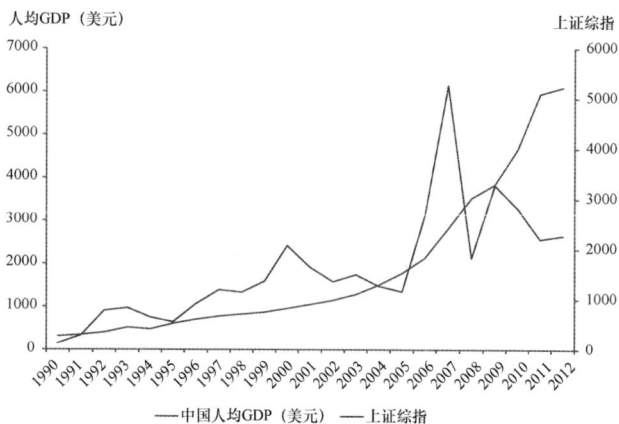

—— 中国人均GDP（美元） —— 上证综指

人均GDP（美元）   巴西IBOVESPA

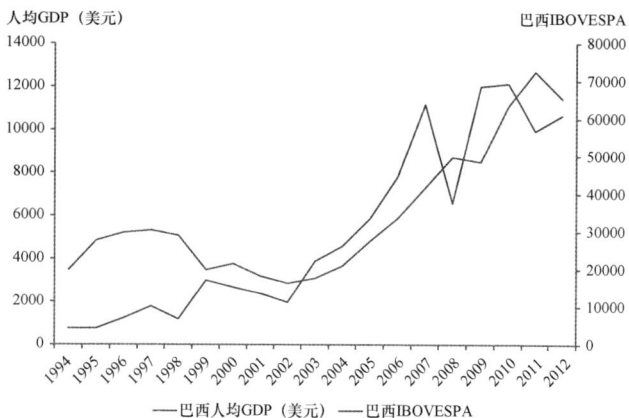

—— 巴西人均GDP（美元） —— 巴西IBOVESPA

数据来源：万得资讯

图四　金砖五国人均 GDP 与股市关系

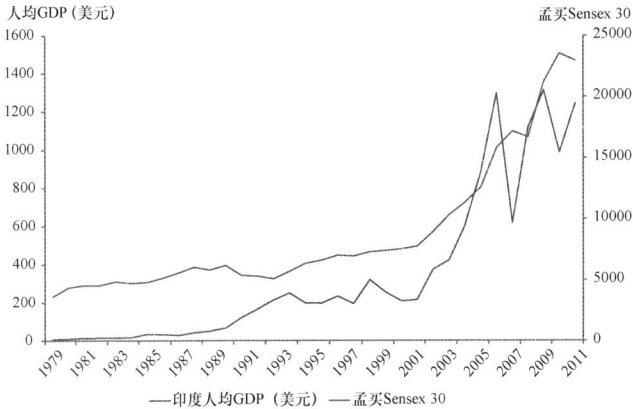

人均GDP（美元）　　　　　　　　　　　　　　　孟买Sensex 30

——印度人均GDP（美元）　——孟买Sensex 30

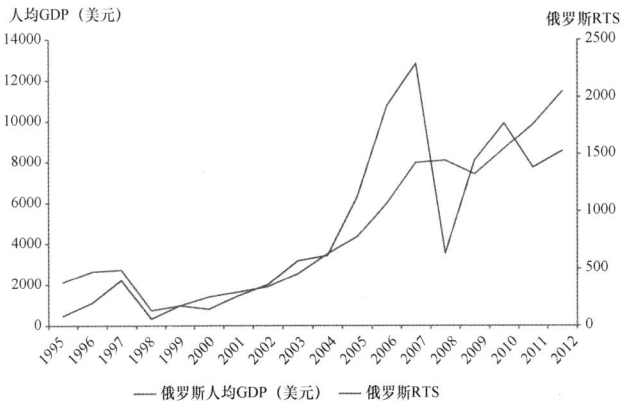

人均GDP（美元）　　　　　　　　　　　　　　　俄罗斯RTS

——俄罗斯人均GDP（美元）　——俄罗斯RTS

数据来源：万得资讯

图四　金砖五国人均GDP与股市关系（续）

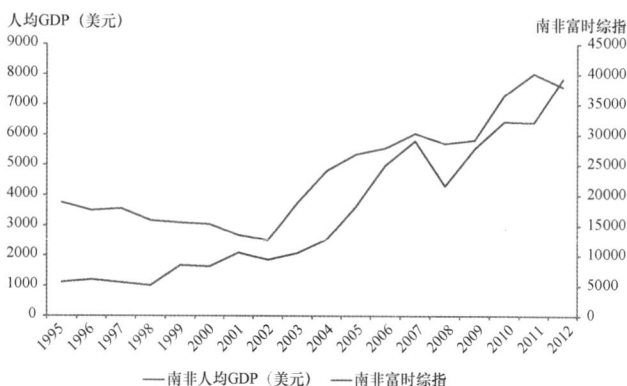

数据来源：万得资讯

图四　金砖五国人均 GDP 与股市关系（续）

表 1　发达国家主要股指与 GDP 的相关性

美国	0.93	日本	0.49
德国	0.52	新加坡	0.76

表 2　金砖五国主要股指与 GDP 的相关性

中国	0.70	俄罗斯	0.80
巴西	0.81	南非	0.92
印度	0.94		

　　上述图表分别反映了主要发达国家和新兴发展中国家国民生产总值与股票市场的关系。虽然股市的波动时常导致短期内股市走势与经济形势相悖，但是经过调整，上述所有国家的股指走向几乎都与本国人均 GDP 的增长趋势

保持了较高的一致。有趣的是，相较于发达国家的成熟市场，这一现象在高速前进的发展中国家反而表现得更加显著。这可以解释为发达国家的上市公司，如苹果、本田、大众等大多已成长为巨型跨国企业，业务覆盖全球，所以其股市动向在很大程度上也依赖于全球宏观经济指标。而对于发展中国家来说，国内主要企业还停留在对本国业务的开拓，所以其运营状况和盈利能力在更大程度上依赖于本国宏观经济的发展，尤其是人均收入的增长。由此，我们不难得出结论：只要一国经济能够保持较快的发展速度，长期"牛市"的到来几乎是一件水到渠成的事情。

三　中国经济现状优于 20 世纪 70 年代的美国

近两年，随着中国经济增速放缓，关于中国经济未来走势的讨论越来越多。有经济学家就基于中国经济现状与 1970 年处于经济危机中的美国的经济情况相比较，认为两者存在很多相似之处，继而推出中国经济即将走进一个瓶颈阶段的论断。同时，市场上也开始出现对中国经济即将"硬着陆"的担忧，2012 年股票市场甚至也一度跌破 2000 点。而我认为，现阶段中国宏观经济的发展条件其实是远优于 20 世纪 70 年代的美国的。在这里我也将现阶段的中国与当时的美国的一些主要宏观数据做了一个简单的比较（见表 3）。

表 3　中美两国宏观经济指标对比

1970 年美国	2012 年中国
·人均 GDP：4997.76 美元 ·通货膨胀：5.7% ·GDP 增长率：0.19% ·城镇人口占总人口比重：73.6% ·1970—2000 年美国 GDP 年化增长率：3.3% ·1970—2000 年美国股市平均年化收益率：13.04%	·人均 GDP：6094 美元 ·通货膨胀：2.6% ·GDP 增长率：7.8% ·城镇人口占总人口比重：52.57% ·预计中国未来十年 GDP 年化增长率：5%—10% ·未来十年中国股市年化收益率预测：15%

当时的美国在经历 20 年"黄金发展期"后陷入经济危机，行业垄断、政府管制问题严重，引发供需关系失衡，物价快速上涨。更严重的是，之后遭遇两次石油危机，导致了油价攀升，能源成本升高，更进一步推高美国物价，使得美国出现了高通胀低增速的滞胀现象。而反观中国，各项宏观经济指标均大大优于 1970 年的美国，尤其是 2012 年第四季度以来的经济复苏使得全年经济增长率恢复并保持在 7.8% 左右，并且自 2012 年下半年以来，通货膨胀基本被控制在了 2% 的安全线以下，为国家进一

步实施宽松货币政策提供了空间。宏观数据的好转使得"硬着陆"的可能性越来越小，也提振了股票市场。许多经济学家相继上调了对 2013 年中国经济前景的预期。世界银行在最近一期报告中预测，2013 年中国经济发展将优于 2012 年，预计增长速度为 8.4%。

四　中国经济仍存在新的增长点

其实，中国经济不但没有进入瓶颈期，还拥有很多潜在增长点。

记得 1988 年，我第一次来深圳工作，那时深圳市刚刚被立为特区，一切有待建设。当时有谁能够想到短短 30 年的时间里深圳会成长为能够比肩中国香港地区及新加坡的国际金融中心！这就是改革和市场化的力量。然而，现阶段的中国就已经完全开放了吗？答案当然是否定的。在过去的 30 年里，中国的经济发展其实一直还存在政府干预过多、国企垄断严重、资本市场不够开放等问题。如果把中国比作一辆飞驰的汽车，其实这辆汽车的刹车一直就没有被完全松开过，就是在这样踩着刹车奔驰的情况下，中国也已经跑出了让世界惊叹的速度。我们可以想象，如果这个"刹车"慢慢松开，中国又会进入怎样的发展阶段。可喜的是，新一届领导人早已认识到症结所在，并正在着手解决。党的十八大已经首次提出了体制改革的"核心问题"是处理好政府与市场的关系，并重点强调了政府要尊重市场机制，对于妨碍公平竞争市场机制的，要进行深入改革的方针。这表现出新一届领导层对国企改革、金融体制改革、进一步开放市场、打破国企垄断的愿望和决心。可以预见，未来十年里，我们的市场制度和经济系统将变得更加公平化、透明化、合理化，而为中国城镇提供近八成就业岗位的中国民营企业就会得到更广阔的发展空间，由此大大提高我国经济生产效率和居民收入水平。

除此之外，改革开放以来，中国的发展虽然令人自豪，但是不得不承认，中国经济发展也是极不均衡的。北京、上海等一线城市的人均收入虽已基本达到发达国家水平，但中西部地区的许多农村仍然处于非常落后的状态，其基础设施、生产效率、人均收入水平都远远落后于沿海城市，而且这样的待发展地区占据了中国版图很大一块面积。数据显示，虽然 2012 年中国人均 GDP 略高于 1970年的美国，但是城镇人口比例几乎只达到美国 19 世纪的水平。中国城市化进程仍然在前进的道路上，我们距离发达国家还有很长一段距离，也还有很大的发展空间。

所以在未来前进的道路上，中国并不缺乏保持高速增长的新动力，且一定会给 A 股市场带来一片新的繁荣。对比当年美国，纵使经济深陷泥沼，里根上台之后的一系列放开国际资本市场和减免税收的政策，使得美国股市迎来一个持续近 20 年的大"牛市"。据统计，从 1970 年到 2000 年，这 30 年的年化收益率达到了 13.04%。所以我们应该相信，中国股票市场的长期收益率将一定会超过这个数字。

五　A股市场被严重低估

表4　1995—2011 年金砖五国人均 GDP 增长率与
股票指数未复权收益率的数据对此

	人均 GDP 增长率	股票市场指数收益
中国	597%	296%
印度	292%	397%
俄罗斯	390%	2132%
巴西	162%	1220%
南非	109%	472%

在讨论人均 GDP 与股指关系的时候，还有一个值得提到的地方：由于一国主要股指中的成分股大都是该国经

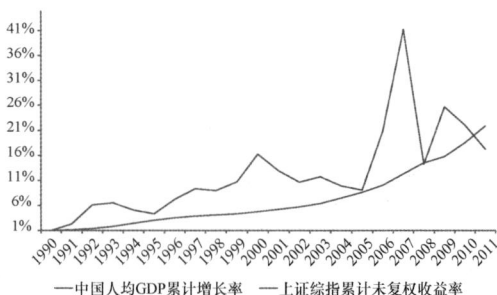

数据来源：万得资讯
注：纵轴为倍数，没有具体单位。

图五　1991—2011 年中国人均 GDP 增长率与上证综指累计收益率对比图

济中的优质资产，相关的企业都是行业中的领军企业甚至是垄断型企业，其发展前景和盈利能力要远远超出本国平均水平的，所以股指收益涨幅在长期来看应该是超过国家经济水平的增长速度的。从表 4 中可以看出，从 1995 年到 2011 年年底，除中国以外的其他四国的股票市场的收益率都远远超出该国国民人均收入增长速度，完全符合上述观点。可是为什么偏偏中国的股票市场收益远低于人均 GDP 的累计增长率呢？在这里，我将每年的上证综指累计收益率和中国人均 GDP 累计增长率做了一个比较。

其实，在 2009 年以前，上证综指的累计收益率是一直远高于人均 GDP 累计增长率的，这也与我们刚才的结论相吻合，这说明，2008 年金融危机以后，市场已经被严重低估，导致其收益率低于本国人均 GDP 增长速度。这就是我上面所提到的，由于心理和技术操作的因素，导致市场会出现在短期内同本国经济形势发生脱节的状况，而这样的状况也给投资者提供了最好的入市机会。

除此之外，上交所统计的 A 股市场从 1999 年到 2012 年的全年平均市盈率走势图（见图六）也更加印证了 A 股市场被低估的观点：2012 年前的十几年里，A 股市场的平均市盈率约为 33%，而在 2012 年，对未来经济的担忧和市场恐慌造成的股市大跌使当年市场平均市盈率仅为 12.3%。A 股市场的下行空间已经被压缩到了很低的水平。

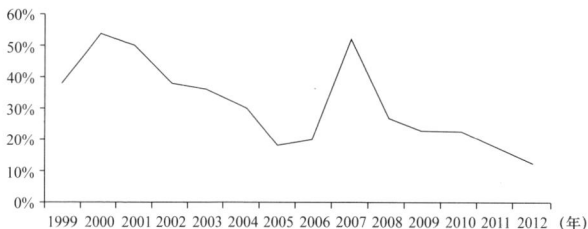

图六　1999—2012 年 A 股市场静态平均市盈率图

六　对 A 股市场未来十年的预测

基于对中国经济未来发展与市场化改革的信心，以及 A 股市场被过分低估的现状，我相信 A 股市场未来十年平均年化收益率将高过美国在 20 世纪 70 年代后达到的 13%，并至少继续保持过去 22 年里实现的 15% 的年化收益率。于是，便有了"五年 5000 点，十年上万点"之说。这样的预测看似过于乐观，实际上，对于刚刚大盘触底反弹的中国股市来说，是一定会到来的。

同时，随着中国市场日趋成熟，投资者在经历了 2006—2008 年的大起大落之后，一定会变得更加理性。在相对理性的市场中，"牛市"的推进也将会是一个相对减缓的过程，但是相对应的，其持续时间也会被大大拉长。与 2006—2007 年的电梯式的陡然上涨和 2007—2008 年的崩盘暴跌类似的情况将不会再经常出现。疯狂过后，市场将迎接理性的回归。在未来十年里，A 股的"牛市"将表现得更加稳健、扎实，并伴随着起伏与波动蜿蜒向上。这也将给投资者带来更多的操作机会！

展望未来，投资的道路是漫长而曲折的，但我相信，对有智慧的投资者来说，未来一定充满机会。

"莫道桑榆晚，为霞尚满天。"假以此句，与诸君共勉。

2013 年 9 月 9 日

股市大幅涨跌当前更要理解市场

　　回顾 2015 年 7 月的最后两周，A 股在剧烈的震荡中黯然收场，上证综指下挫 7.42%，创业板下跌 8.75%。整个 7 月沪指重挫 14.34%，刷新六年来最大单月跌幅纪录。伴随着场外配资清理的基本结束和场内融资余额的降低，两市成交额则萎缩至 9000 亿元以下。我认为，股市暴涨暴跌当前，更要认真去理解二级市场的逻辑。一个负反馈机制对于二级市场价格的企稳，有着关键性的作用。而通过注重对市场稳定有好处的负反馈机制的对冲基金这样的投资机构去纠正市场的差错，可以使市场的定价更趋向于合理，进而使市场变得越来越有效，流动性也会越来越好，从而让一个长期"慢牛"的市场更好地为实体经济供血。

二级市场到底是什么？

　　很多人在做投资时，会迷惑：二级市场到底是什么？投资者又应该如何去做？二级市场是一座连接资本供给和需求的桥梁，它的作用，就是使资金能以正确的价格在资本的供、需方之间交易。因此可以说，二级市场唯一的目的是给实体经济供血，否则二级市场就没有存在的价值了。我们需要的是一个能够为资本定价的市场，而不是一个赌场，这是非常核心的一点。所以，二级市场最重要的功能之一就是融资。而二级市场要实现其功能，必须具备三个特征：一是稳定性，二是有效性，三是流动性。

在二级市场中，有三类核心参与者：第一类是企业，也是最重要的参与者，企业通过二级市场实现融资；第二类是机构和个人投资者，其中机构投资者包括公募基金、私募基金、对冲基金和其他机构投资者等；第三类是监管机构，监管机构要维护市场的秩序。要让市场有效地运行以达到上述功能，就必须确保上述市场特征，即稳定性、有效性和流动性。

近期股市暴涨暴跌之后监管机构的行为，实际上是在维护市场的三个特征。这其中最核心的东西是：为了保证有效性和流动性以及市场功能的顺利实现，稳定性变得非常重要。

负反馈有助于市场的稳定

对于如何实现市场的稳定性，很多人可能不太了解，部分媒体的文章也时常会弄错一些基本概念。我们说：一个系统，要想让其稳定，这个系统必须是一个负反馈系统。而任何一个系统，包括像二级市场这样一个庞大的系统，它既有负反馈的成分，也有正反馈的成分。很多时候大家会把概念用反。举例来说，下跌发生时，融资盘被迫抛售导致市场继续下跌，并形成恶性循环，这叫正反馈，而非负反馈。

个人投资者的杠杆是最可怕的正反馈机制

下面我们来看一看什么东西会导致负反馈，什么东西会导致正反馈。产生市场负反馈的机制主要有如下几个方面：一是市场的完备性。如果市场不完备，可能会导致负反馈机制不一定存在。在金融市场中，应该有各种金融产品的存在，各种套利机制的存在。二是存在一级市场和一级半市场。如果二级市场价格飙涨，一级市场和一级半市场的供给就会增加，进而会压住二级市场疯狂上涨的局面。如果二级市场价格持续低迷，各类 IPO（首次公开募股）和再融资被迫暂停，这样的一个负反馈机制是有利于二级市场价格企稳的。所以注册制的推广是有利于市场稳健良性发展的。三是一些对冲风险的金融衍生品的存在，比如期权期货和其他衍生品。如果仔细想想，我们会发现，对冲基金使用的一些对冲工具通常是金融衍生品中的一个部分。这些衍生品可以使得市场具有负反馈机制。四是融券交易，融券同样可以使得市场有负反馈机制。

那么市场的正反馈机制有哪些呢？第一，是杠杆。杠杆一定是正反馈。正反馈是一个非常容易出问题的地方。第二，是号召力。比如，公开数据显示某知名基金经理买了某一只股票，于是很多投资者跟风买入，结果推动股价上涨，而股价上涨吸引了更多投资者来买，于是推动了股价的进一步上涨。此外，还有一个原因也会产生正反馈，这就是垄断拥有。早期中国股市中的"坐庄"，就是垄断的一种表现；但是这种垄断其实是很脆弱的，垄断一旦被打破，结果会很糟糕。

在上述正反馈机制中，最可怕的是个人投资者的杠杆。现在，在中国市场，可能有如下几类东西会产生个人投资者的杠杆：首先是各种场内、场外融资杠杆，比如融资融券、场外民间配资、伞形信托等。第二类是期货。如果有大量普通个人投资者参与期货的话，这是非常危险的事情，因为很容易导致正反馈。第三类是期权。但是从完备性上来说，期货和期权，应该属于负反馈机制的一部分，它们是用来给资产组合提供保险的金融工具。在这里有一点要讲清楚，无论是期权还是期货，首先它们是一个零和游戏。所谓"零和游戏"，即是买方和卖方合起来的所有参与者，加总起来是无法挣钱的，一部分人的盈利对应着另一部分人的亏损。如果考虑交易佣金的话，期权期货是一个负和游戏。所有参与者作为一个整体，在这个零和游戏中虽然无法盈利，但是可以使得风险重新分配，进而整个金融系统的整体效用可能会增加。从这个角度来看，期货期权等衍生品是很有价值的。如果使用期货期权，是用来对冲降低金融风险的，这应该属于负反馈；如果使用期货期权，不是为了转移风险，这应该属于正反馈。如果用它们来赌博，这更不会是件好的事情了。还有一些其他类型的杠杆化的金融产品，比如说，分级基金 B 份额。分级 B，基本上以普通投资者参与为主，也基本上是用来赌博的，它在股票系统中起到了一个非常不稳定的作用，在市场上涨时它会持续上涨，在市场下跌时它会持续下跌，且形成一定的正反馈压力。市场的目的是把最正确的定价给找出来，让资金供给者和资金需求者之间达成均衡。投资的目的是什么呢？投资的目的是赚钱。所以说，投资的目的和市场的目的其实不一定是完全一致的。

从投资的意义上来讲，有两种投资，一种是工具型的。什么叫工具型的投资呢？公募基金和指数型基金基本上是工具型投资。假设二级市场是合理定价的，一个定价合理的系统，所参与的投资最终是将资金提供给了实体经济。而实体经济的成长和基本效率对应的是投资回报。工具型的投资，对投资的要求其实是相对低的，是个相对简单的东西。那么工具型投资的费用很低，也是有道理的，比如公募基金。另一种是其他类型的投资，比如个人投资者、其他机构投资者尤其是对冲基金，不是工具型投资；它们投资的目的是为了产生超额收益。对于对冲基金来说，就要努力在控制或者降低风险的同时提高收益，达到这个目的的唯一办法就是找市场的错误，即在市场寻找正确定价的时候，对冲基金应该寻找错误定价的地方。所以，对冲基金要想达到获取超额收益的目的，一个最基本的前提是市场存在着很多错误，而对冲基金的工作就是把这些错误给找出来，并予以纠正。大多数纠正市场错误都是依靠负反馈机制，所以在纠正市场错误定价的同时，为市场增加了稳定性、提供了流动性、提高了市场效率，从而获得相应的回报。

市场是对的，还是错的？

上述讨论会产生一个新的课题：市场是对的，还是错的？如果市场是对的，追求超额收益的机构投资者（比如对冲基金）是没有必要存在的，因为不会有超额收益，同时也没有理由收投资者的管理费。但如果没有对冲基金这样的机构，就没有人去做负反馈机制的事，市场便不会那么有效从而出现错误定价。依据这个推理过程，我们可以说：如果市场是对的，那么市场一定会变成错的。现在，我们从"市场是错的"的角度来推理。如果市场是错的，我们可以找到错误的地方，去纠正它，进而市场会变成对的了。

那么到底市场是对的还是错的？其实经济学界对此有很多的研究，也有经济学家因此获得了诺贝尔奖。而真实的情况如何呢？其实，市场处在一个不断出现误差、不断进行纠错的过程中。这里有两点与此相关：第一点是动态性。市场一直处于调整变化中，永远都无法达到绝对的均衡。各种因素都会导致市场不平衡，背后的原因是存在着各种错误。市场有错时，我们可以去纠正它。但是因为经济租金的存在，纠错是有成本的。如果错误过小，纠错的行为在经济上是没有回报的。进一步地，如果没有人去纠正一些错误，这些错误会变大。从上述讨论来看，结论是市场既不是有效的也不是无效的，而是"动态有限无效"的，或者说是"动态有限有效"的。此处的用词，不是来自书本，而是我个人思考之后的"发明"。

我们的投研人员，要每天去做研究，就是因为市场是动态的。在发现大的错误后，我们采取了投资行动，然后市场错误变小了，投资机会也没有了，于是我们一次投资行为就结束了。之后，我们的工作，是不断发现下一个市场错误，然后继续采取行动纠正它。在此过程中，我们遇到了三个巨大的困难：

第一个困难是，整个市场系统是个大系统。大系统与小系统存在着本质的区别。不管是社会科学研究，还是自然科学研究，我们研究人员总是企图把研究对象具体化、格式化，把问题变小，因为问题大了之后我们是根本无法理解的。在诸多研究对象中，我们最难以理解的其实是人。金融系统是一个大系统，尤其是跟物理系统相比较时。研究大系统的方法与研究小系统是完全不一样的。比如，股市的运行、股票的定价，常会遇到监管的干预，监管背后的原因可能是经济学上的原因，可能是社会学上的原因，也可能是政治上的原因。这是我们遇到的第一个困难。

我们遇到的第二个困难是噪音，或者叫作或然性。或然性是影响我们思考或者研究的因素中最麻烦的一个东西。举个例子来理解：假设现在做抛硬币的实验，我的科学预测是抛十次，应该会出现五次正面五次反面。第一次实验的实际结果可能是一次正面九次反面。第一次实验之后，进行第二次抛硬币实验。对于第二次实验，我的科学预测依然是：抛十次，应该还是会出现五次正面五次反面。很明显，在某一次的实验中，具体的结果是很不确定的，这时对结果的预测存在着很大的或然性。再比如说，你有一个投资策略，你使用的前三天，就发生了亏损。即使这个策略是正确的，可能也会因为或然性导致你初始的亏损很大。我经常告诉所有的投研人员：千万不要根据很少的数据来总结经验，根据很少的数据来总结经验是毫无意义的，因为有或然性的存在。这是我们遇到的第二个大问题。

第三个问题是一个更麻烦的问题，即我们的系统是一个博弈的系统，它根本不是一个物理学系统。因为它是一个博弈的系统，所以我们要去看别人的行为，要去看别人下一步做什么。因此，在做投研时，我们必须比别人早一步，而早两步是不行的，晚一步更是不行。

注重负反馈的基金比价值投资更具有积极的社会意义

刚才我们讨论了很多，下面我们来看看如何赚钱的话题。投资，我们可以这么理解：就是拿着今天的钱去承担一定的风险来换取未来的收益。在这个过程中，肯定是承担了风险，即拿风险来交换了收益的，所以在这个过程中，风险一定是变大的。根据我们对投资的界定，我们在做投资时，唯一需要做的就是预测未来。所以，与预测未来没有关系的任何投资思考基本上是错误的。由此，我们可以说，简单的止盈法则、简单的止损法则，这些想法错得很荒唐，因为这些简单法则在实施时根本没有预测未来。

那么怎么来做预测呢？我们知道在系统中有负反馈，也有正反馈。我们应该弄清楚负反馈在哪里，正反馈在哪里，并学会和理解这些反馈机制。要通过这些机制来帮你预测未来。巴菲特的价值投资，其实是使用了负反馈系统，因为当价格明显低于价值时会有人去纠错，进而使得价格符合价值。负反馈机制的存在，是由于人们早晚会认识到真正的价值是多少。在现实中我们会遇到一些问题，一个很突出的问题是，虽然长期来说负反馈机制会在这个系统中产生作用，但正反馈机制可能在短期内会处于支配状态，特别是在我们现在的投资环境下，如果某一只股票在长期来说很有价值，但是其短期会很亏钱的话，那我们的投资可能面临较大挑战，除非你有很丰厚的资本，这里的资本不仅包括金钱资本，可能还包括信用资本（金钱资本和信用资本实力都很强的人，比如巴菲特）。在信息流通不断加快的今天（比如微信朋友圈的存在和扩大），在投资过程中，短时间的正反馈可能比长时间的负反馈变得更重要。也正因为如此，那些注重短期正反馈的投资者（比如索罗斯），在特定市场里会有很高的收益。一个理性的市场，一般来说是一个负反馈系统。这时做投资，我们可以依赖价值的判断或者一些数量分析的东西，因为你可以说这里存在着均值回归的过程；也可以找到某些证券。它们独立于整体市场的环境，它们的定价可以是比较理性的，也可以说是均值回归的，这便也是一个负反馈的过程。在非理性的市场，虽然短期正反馈的因素比较多，我们仍然可以通过负反馈机制在改善市场环境的同时为投资者获得收益。在一个 GDP 以 5% 以上的速度增长的经济体里，股票市场的长期"牛市"是必然的。而注重负反馈机制的对冲基金通过对市场非理性行为的不断纠错，就能防止市场暴涨暴跌，让其变成长期"慢牛"。

上述所有，都是大的逻辑思考，至于具体的思考我们应该有更多、更细节的东西要做。通过这些讨论，我们知道了市场是怎么一回事儿。市场里面存在负反馈机制和正反馈机制，然后我们也知道了投资是怎么一回事儿。投资是去纠正市场中存在的差错；通过像我们这样注重对市场稳定有好处的负反馈机制的对冲基金去纠正市场的差错，可以使市场的"动态有限无效性"的有限程度变小，这样市场的定价会更趋近于合理，进而使市场变得越来越有效，流动性也会变好，可以让一个长期"慢牛"的市场更好地为实体经济供血。

2015 年 8 月 3 日

2015 年对量化投资的思考

"在别人贪婪时恐惧，在别人恐惧时贪婪。"说来虽易，如若置身其中，却鲜有人可以逃出情绪的绑架，保持绝对的理性。自我发文预测"市场理性"即将回归以来，市场再度经历了从贪婪到恐惧的"过山车"。2015 年 1 月 19 日三大金融板块的全军覆没，期指首次跌停更是给这个热得发烫的市场浇上了一大瓢冷水。即便如此，通过更细致的观察，我们还是发现了"理性回归"的踪迹。

一　成交量下滑

成交量是市场最好的温度计。2014 年 12 月初"疯牛"突袭市场，沪、深两市成交量从平时的三千亿股陡然上升到万亿股级别，A 股显然是"发高烧"了。然而这种"疯劲"在 12 月 9 日达到高潮之后，市场终于经历了一波幅度较大的回调，热情也在逐步地冷却。随后沪、深两市日均交易量慢慢恢复到 5000 亿股左右的水平。投资者的情绪已从"疯狂高涨"慢慢降温，转变为"理性高涨"了。

二 杠杆工具溢价大幅下降

伴随着成交量下降的，还有市场各类杠杆工具的溢价水平。B 级基金的高溢价已回到之前的常态折溢价水平，股指期货的基差也从前所未有的最高峰迅速收敛，但仍然维持了较高水平。我们预计 2015 年期货高基差将成为"牛市"中的新常态，一方面大家对"牛市"的预期提高了对基差的合理预期水平；另一方面，本次"疯牛"的突袭给部分对冲和做空投机的投资者带来了毁灭性的打击，做空的力量少了，做多的力量就大了，基差就会维持在一个较高的水平。而这种高基差无疑会增强未来做期现套利、阿尔法套利的投资者的收益。

三 板块差距逐步缩小

近来，仍没有明显的政策支持或严谨的逻辑推理助长大市值股票和中小市值股票的走势分化持续。当时我预计在未来半年到两年时间内，中小板股票将逐渐回归原来的价格范围。2015 年元旦过后，暴涨的金融板块，尤其是券商板块就出现了大幅回调，之前滞涨的软件、医疗等行业正迎头赶上。一个月内沪深 300 下跌 3.9%，中小板指上涨 9.15%，创业板指上涨 15.57%，之前的板块严重偏离的情形已得到部分修复。据此，我们仍然坚持之前的判断，预计在未来的两年内中小股票的涨幅仍将大幅超越大市值股票。然而短期内，局部分化和长期修复仍会交叉进行，而我们通过量化模型优选出来的股票组合在理性回归的过程中，一定会有优异表现。

种种迹象表明，股票市场已经踏上"回归理性"的轨道。2012 年年底我曾发表过"A 股 10 年过万点"的观点，文中我预测 A 股未来将进入一个"理性牛市"的时代。今天，我依然确信：A 股未来将经历较长时间的相对"理性牛市"。

诚然，本次量化对冲的风暴给投资者心理上带来了不小的打击，但我们也真诚地向所有持有量化对冲中性产品的投资者建议，在大家恐惧的时候，更应该坚定相信市场理性的回归，相信科学投资的价值。

2015 年对于量化投资来说，是充满机会的一年。正如黎明前的黑暗，从不令追求光明的人感到恐惧，更何况，天已蒙蒙亮了。

2015 年 1 月 26 日

"觉未"方可御风而行

投资若要有所成，有两件事情我们需要做到："明先"和"觉未"。"明先"原本指做事时借鉴前人的经验和思考得到的结论，在投资中，我想也可以指对已经发生的可能影响市场的现象的认知和理解。"觉未"则是指事先对未发生事情的预判。

相较而言，"明先"显然容易很多。"觉未"在投资中则更加重要。2014 年 11 月和 12 月以来的市场异动，说是合理也好，非理性也好，但都是十年一见的市况。这些市场变化看起来繁杂，却都是事后可以理解的。但是，如果想要事先对这样跌宕起伏的市场情况有所"觉未"，则会因此类情况出现的小概率而变得近乎不可能。

然而，"品味虽贵必不敢减物力，炮制虽繁必不敢省人工"。对于小概率事件，我们既要想方设法预测，更要尽力在"黑天鹅"出现时把回撤控制在较低的水平。我们出产超额收益的生产线会受到"黑天鹅事件"的短暂影响，但并未损坏，仍将在"黑天鹅"飞走后继续生产高质量的超额收益。

如果我们做一个形象的比喻，可以把炒作看作是风，基本面是重力，而股价则是在市场海洋当中的浪高。最近的市场，非理性蔓延，可以说风很大，在这样的风浪当中行船，不易。因为浪高超乎寻常，船则势必进水。一旦风势减弱，波涛汹涌时涌入的海水自然可以处置，我们的船会继续乘风破浪。

在市场风浪来临的时候，重要的一件事是保持船始终不被巨浪吞没。在投资的风浪当中，我们要严格控制风险，把回撤控制在较低的水平。仅仅如此，还不够。预测未来浪高始终是我们的工作。

就目前的情况而言，风力已经减弱，市场在逐步恢复理性。我们预计，在未来的几个月里，市场的风会逐步变得和缓。但无论是大风大浪，还是和风拂面，我们始终会谨慎行船，"明先"且"觉未"，在投资的海洋中走得更稳、更快、更远。

2014 年 12 月 25 日

A股市场非理性或将结束

最近 A 股市场显得异常火热，沉寂多年的"蓝筹股"在过去的几周时间里独领风骚，"满仓踏空"成为市场流行"热词"。一面是券商营业部人头攒动开户忙，另一面却是市场突然转向高振幅波动，让不少投资机构都无所适从。

A 股市场形形色色的参与者都试图寻找此轮"行情"出现的原因，央行降息、深化改革、混合所有制、"一带一路"等瞬间成为各大分析报告里和股民口中的常见词汇。

如果仔细审视近一个月来的 A 股市场，应该可以发现股指期货基差放大、板块毫无规律轮动、交易量一再创出新高、股指波动幅度短期内加大、市值板块表现差异很大等现象。这些现象看起来纷繁复杂，如若试图通过以往经验猜测未来的市场趋势，很有可能面对更大的风险。

深入这些现象的背后，我的结论是此番剧烈变化源自市场的"非理性"。这一判断既不是源于对投资表面盈亏或市场现象的观察，也不是源于简单的猜测，而是源于清晰的逻辑分析。我们可以从下面几个方面来思考和推理：

第一，从基本面的角度看，没有任何数据可以支撑大面积的行业板块和市值板块之间的严重分化，这次分化是非理性的；

第二，从技术面的角度来看，本次分化的程度是A股市场近十年来最严重的一次，严重程度是排名第二位的分化情况的两倍以上；

第三，从投资者情绪看，比如在街头随机抽样、朋友之间的联络以及微信圈的消息都可以看到投资者的情绪过度高涨，并且从交易量的巨大升幅里也可以看到这一点。

基于以上分析，从宏观基本面、技术面和投资者的情绪方面，我们都可以非常清晰地看到，此时A股市场存在极端的"非理性"。在非理性的市况下，"赌性"在市场各处蔓延，"踩"对板块或个股的沾沾自喜，赌输的则怨天尤人。

坦率地说，在当前的A股市场当中，理性投资的过程必然会遭遇短暂的困难。因为市场的非理性导致了市场无效，价格与价值产生严重偏离。

凯恩斯曾说过："市场可以一直保持非理性，直到你破产为止。"

对于专业投资者而言，在看到非理性存在的同时，有责任在市场失去理性的过程中，调整策略以促使市场走向有效、走向理性。这需要我们正确而清醒地认识市场无效性的存在，在控制回撤的同时，在策略安排上做好准备，以待市场恢复理性。

我们估计，市场将在下个交易周逐步恢复理性。而按照今日（2014年12月9日）的市场情况，市场非理性结束的时间有可能比我们之前预计的更早。

市场出现非理性现象，无论是成熟市场还是诸如中国的新兴市场，均属必然。在市场出现非理性的时候，恰恰是专业投资者纠正市场无效性的天然时机。

对市场纠正的过程，也是市场回归理性的过程，市场会更加有效，资源会得到更合理的配置，进而促使实体经济更健康地发展。

2014年12月15日

优者劣也——选择基金之秘诀（一）

"优者劣也"，这是一个自相矛盾的命题，不太可能成立。但倘若优者只是表面之优、偶然之优，乃至刻意逐偶然而得优，其劣便可望而知了。

斗胆问一下，业绩最好的基金是否也是如此的"优者"呢？过去业绩最好的基金是否可能就是未来业绩最差的基金呢？今年优，来年是优还是劣也？

每年年末，主动管理的股票基金业绩排名大战不但吸引着媒体的关注，也引得"基民"纷纷驻足观看。"今年的'基金一哥'是谁？收益多少？花落哪家基金公司？"等问题成为热门的话题。虽然我们常说，过去的业绩不代表未来的表现，可谁信呢？再说了，过去的业绩是实打实的，除此以外，其他的东西不就更虚了吗？

天乎？人乎？

本来，投资业绩就是部分来自"人"，部分来自

"天"。短期业绩比之长期业绩更是依靠天意。幸运女神往往只能眷顾一次，难以常得垂青。

每年的业绩排名，受到很多复杂因素的影响，往往是"天人合一"之作。影响因素大体可分为靠"天"的偶然性因素和靠"人"的必然性因素两大类。市场的动荡、股票本身的波动性等因素属于偶然性因素。必然性因素主要是基金经理的投资研究能力、心理素质、勤奋程度等。从长期看，在其他因素相同的条件下，管理能力强、心理素质过硬、工作勤奋的基金经理会取得更好的投资表现，而偶然性因素通常只会增加投资风险或波动率，却不会带来持续的超额收益。因偶然性因素起主导作用产生的年度排名，最大的一个特点是缺乏稳定性和持续性。正可谓，"风水轮流转，各领风骚一两年"。

我们来看两个关于偶然性的例子。

一个例子是，用北京 2013 年"7·21"大暴雨来预测明年的降水量分布。

"7·21"大暴雨发生在周六，如果统计全年周一至周日的降水量数据，会发现周六的平均降水量明显比其他时间高。如果用今年（2013 年）的降水量分布来预测明年的降水量在一个星期的分布，就会得出周六降水量要比一周中其他日子高很多的结论。然而，我们知道，"7·21"大暴雨发生在周六纯属偶然，不能推而广之。

另一个例子是，中学生利用偶然性赢得模拟投资比赛。

2010年的一天，在中学读书的女儿，放学后兴奋地告诉我，她们班组织模拟投资比赛，投资组合收益第一的学生会有奖励，问我有什么好的建议。我问了一个问题："是不是大家只关心收益是否第一？"女儿回答说："那当然。"我给她的建议很简单，只选一个走势看起来跑得乱、大起大落的股票，投入全部资金，最可能赢奖励。女儿把我的这个建议告诉了她的两个同学，她们三个都采用这种方法，结果其中一个同学选的股票收益真排在了第一。

通过第一个例子，不难推想到，如果上一年基金排名前三甲的基金主要是偶然性因素在起作用，那么下一年买入这些基金可能不会有好的投资结果。在第二个例子中，我们利用了偶然性去赢得比赛，那么自然会想到，聪明的基金经理们为博取排名也可能采取类似的方式，在业绩中故意混入偶然性。

用数据大声说

　　基金排名前三甲，到底是靠"人"还是靠"天"，我们来听听数据的声音。

　　让我们用简单而直接的统计方法看一下。每年股票型基金收益率排名公布后，找出排名前三名和后三名的基金，按照平均分配资金的方式，构造前三名基金组合和后三名基金组合。从 2005 年到 2010 年，计算两个组合当年的收益波动率（见图一）。从 2006 年到 2011 年，计算两个组合在第二年的年化收益率（见图二）。

　　从波动率来看，当年排名前三甲的基金组合比后三名的组合明显高，接近一倍的水平。这说明排名靠前者有赌博之嫌，而排名靠后的更多是投资上比较保守导致。

公募基金波动率对比（2005—2010年）

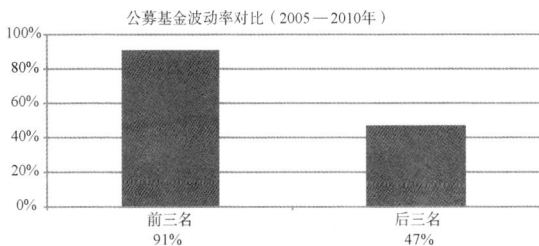

图一　波动率对比（2005—2010 年）

公募基金收益率对比（2006—2011年）

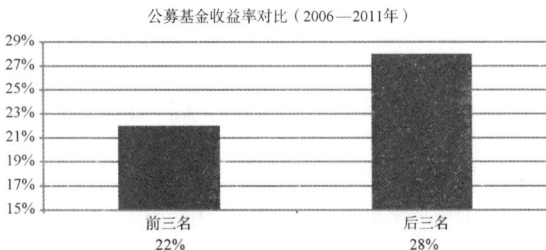

图二 年化收益率对比（2006—2011年）

从年化收益率来看，排名前三甲的基金组合在第二年上
演业绩"大变脸"，显著低于排名后三名的基金组合。在
研究中还发现，前三名基金的贝塔系数较大，偏好于重
仓集中持股，投资风险较大。考虑到这六年中股市总体
上是"牛市"，这些风险大的基金在"牛市"中的发展还
大幅落后于后三名的基金，着实让人跌破眼镜。优者亦
让人忧也。

排名之"弈"

不可否认，基金业绩排名具有一定的积极意义和现实
基础，也比较符合国内目前的金融生态。对普通投资者来
说，可以用排名来对比自己持有基金的收益的相对位置，

也可检验其投资决策的正确性。此外，国内普通投资者对短期业绩通常比较重视，非理性行为较多，换手率很高，甚至还出现"炒基"一族。对基金经理来说，每年一度的业绩排名是一次大的考试。排名靠前，意味着来年名利双收。排名靠后，可能意味着未来管理规模和收入的缩水，甚至下岗。对基金公司来说，管理的基金排名靠前，甚至能取得前三甲的位置，是最好的业绩宣传工具，业绩排名靠前能带来巨大的商业利益。

但是，在短期内，偶然性因素起主导作用，这给基金经理通过重仓股等方式博取排名提供了温床。为取得短期排名的提高，最有效的方法是利用偶然性因素起主导作用这一特点，在投资中故意注入更多的偶然性因素，通过投资贝塔系数大的股票，重仓持股，明显增大排名进入前三甲的概率。在"牛市"中，投资贝塔系数大于股票的基金易于占先；而在"熊市"中，投资贝塔系数大于股票的基金易于落后。增大基金波动率的一种简单方式，不是分散化投资，而是重仓持股。如果能重仓持有高贝塔系数的个股，那么对增大基金波动率亦即进入前三甲的概率更为有利。

从委托代理关系上，投资者雇用基金经理提供投资服务，从而投资者的利益应高于基金经理的个人利益。然而，利益的驱动导致基金经理从服务者变成与投资者进行对弈的人。利用投资者的盲从，获取自身利益，基金经理往往是赢棋者。

从目前可得的数据来看，我们无法精确地得知历年业绩排名前三甲的基金中有多大比例是基金经理故意加入偶然性因素而造成的，但这些基金整体较大的波动率、偏好重仓持股的行为特点，使其难逃赌博之嫌。

秘诀：规避"优者"

资本市场的历史告诉我们，凡是有规律的东西，往往都可以用它们来赚钱。当然，能使我们规避风险少亏钱，也是在赚钱。通过以上分析，投资基金的一个简单"秘诀"是：尽量规避上一年收益率排名前三甲的基金。这个"秘诀"另外一个依据是，基金在上一年排名获得前三甲之后，基金规模通常会膨胀。基金规模越大，取得优异表现越难。

这个看似自相矛盾的"秘诀"可能不会让你赚大钱，但可以有效地规避那些可能拿你的资本来赌博为基金经理个人谋利的基金。这个"秘诀"体现了基金投资者不盲从、独立思考以及对待业绩排名的理性。至少不要盲目跟随排名前三甲的基金，在避免投资风险的同时，也能有助于基金业的良性发展。这也应该算是在投资者与基金从业者的对弈中，投资者的一步好棋吧。

到底如何评估基金？

既然秘诀是规避优者，那么是否意味着其余的基金都值得投资呢？通过前些年的统计分析，我们看到，当年优者，次年劣也，跟风"押宝"在上一年的三甲基金，收益很可能还不如"押宝"在排名后三名的基金。从而，自然要问，如果不是投资全部其他基金，那么是否可以直接投资排名后三名的基金呢？

目前，国内有专门的基金评价机构，给投资者提供基金的风险收益特征和业绩表现等信息，辅助投资者进行基金比较，以便做出正确的投资决策。本文不想评论现存评级方法的优劣，只想给出一些参考性建议，以期投资者能够在股票基金类型中，选出在未来最有可能在适当的风险下带来丰厚回报的基金。

根据"规避优者"的秘诀，可先排除上一年排名前三甲的基金。此外，基于回避有赌博之嫌的基金的理念，也应该排除那些喜欢重仓持股的基金经理管理的基金。当然，如果某基金公司出现有类似因重仓持股而产生业绩大幅波动的负面新闻，该公司发行的基金都应该暂时规避。

　　由于基金的业绩是偶然性与必然性共同影响的结果，对于其余基金的选择应该剔除偶然性因素影响后，考虑那些仍能持续取得优良业绩表现的基金。这里所说的优良业绩表现，是相对业绩比较基准而言。在扣除费用后，只有能够持续稳定地超越业绩比较基准，才能称为表现优异的基金。这些基金取得良好业绩更有可能不是依靠基金经理的好运，而是依靠基金经理高超的管理水平、工作勤勉、以客户利益为上的态度以及所任职的公司提供良好平台支持。此外，在分析时，应考察长期（比如 36 个月）的投资表现，通过增加采样频率等方式利用尽量多的信息，以减少偶然性因素影响。

　　优者忧也，优者劣也！快乐买"基"，"基"业长青！

2013 年 9 月 6 日

靠谱比率与基金投资——选择基金之秘诀（二）

2013年9月，我写过一篇文章，名字叫作《优者劣也——选择基金之秘诀》，告诫买基金的朋友要对收益排名前三名的基金产品加倍小心，因为这很可能是基金经理赌博且运气好的结果。文章发表之后，很多投资者和我交流选择基金的看法。在和投资者交流的过程中，我发现很多投资者对如何选择好的基金产品存在不少认识误区。这次就延续之前的话题，重点谈一下这些误区，以给投资决策提供些许帮助，甄别良莠。

挑选基金，涉及比较专业的基金评价方法。市场上，有很多专业的基金评价机构。现在，我不想介绍如何对基金进行专业的评价，而是尝试使用通俗的语言，和大家交流一下如何规避选择基金中的误区及如何使用正确的方法选择基金。本文所指的基金，可泛指公募基金、阳光私募基金等各类二级市场投资理财产品。

为了说明如何选择基金这个问题，我想列举基金A

和基金 B 的例子。基金 A 收益 25%，基金 B 收益 10%，单纯从收益率角度，显然基金 A 要比基金 B 具有更高的收益。那么，能够简单地说基金 A 要比基金 B 好吗？

如果理性地分析这个问题，答案显然是否定的，因为很多信息不清楚。比如，基金 A 是什么类型的产品，哪个投资经理管理的，等等。在实际投资决策中，投资者容易受到情绪的影响，经常犯一些非理性的错误。

选择基金是需要看收益率，但是，仅仅看收益率是不够的，甚至是错误的。原因在于，收益率包含着多种信息，投资者需要把最有价值的信息提炼出来，才能做出一个科学的选择。打一个比方，收益率就像一幅面纱，底下掩盖了很多东西。需要把收益率这幅面纱揭开，深入分析收益率背后的信息，才能规避一些不必要的投资风险。下文剖析一下投资者容易陷入的一些误区。

误区一：*只看绝对收益率，不看业绩比较基准*

我们投资基金的目的是获得投资收益，一只基金的绝对收益率表现是其最直观的"成绩单"。业绩比较基准就是判断这份"成绩单"是否"及格"的一个重要参考因素。

举一个直观的例子，基金 A 的收益率为 25%，其同期业绩比较基准的收益率为 30%；基金 B 的收益率为 10%，其同期业绩比较基准收益率为 6%。只看收益率的话我们肯定会认为基金 A 是绝对优于基金 B 的。

但在考虑到业绩比较基准以后可能会改变我们的看法。比如，这里的基金 A 可能是黄金基金，30% 的比较基准是当年的金价上升幅度。基金 B 可能是债券基金，6% 是全债指数收益。基金 A 的收益率比其比较标准低 5%，而基金 B 的表现比其比较标准高 4%。所以，虽然基金 A 的绝对收益率比基金 B 的高，但其表现实际上是低于比较基准的，是

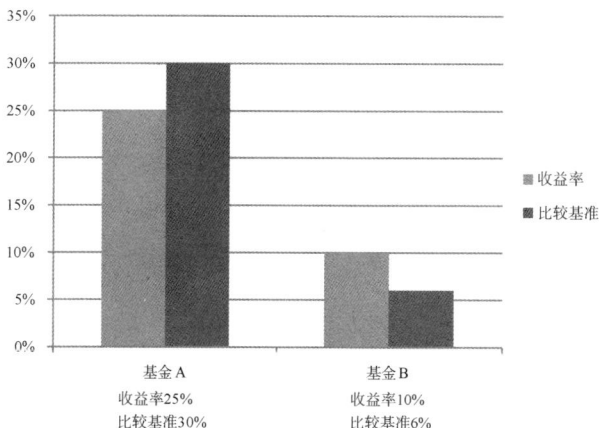

图一 只看绝对收益率，不看业绩比较基准

"不及格"的。相反基金 B 虽然绝对收益率没有基金 A 高，但是，显而易见的是，基金 B 的表现比基金 A 好很多。

在职业基金经理的眼里，基金的业绩回报经常被分解成市场收益和超额收益两块。所谓市场收益，就是市场整体表现给我们带来的回报，这个收益可正可负，其结果不在单个或几个投资者的控制范围，而职业基金经理可以根据客户的风险喜好调整其仓位对市场的风险敞口或暴露，也就是常说的贝塔值。而超额收益，简单来说，就是职业基金经理从市场中获取的额外回报。提供超额收益才是投资者支付管理费用和业绩报酬的意义所在，也是职业基金经理工作的核心任务。因此，对基金产品感兴趣的朋友，在考察一个基金产品的时候，最先考量的应该是这个产品能否提供超额收益。

超额收益的计算方法也很简单。首先管理人在产品设计时应选取适当的比较基准，例如股票产品可以选择沪深 300 或中证 500 等指数，其超额收益便等于产品本身回报减去比较基准的回报。

在上文的例子中，基金 A 和基金 B 的超额收益则分别是 -5% 和 4%。超额收益越大，表明基金经理的主动管理能力就越强，投资者在此产品中获得的价值也越大。因此，从超额收益因素来讲，我们会得出相反的结论，基金B优于基金A。

误区二：只看绝对收益，不看风险

投资者另外一个容易犯的错误就是只关注基金的绝对收益，而不关注当中的风险。

我们经常发现，一只基金产品净值在大盘涨时涨得很快，收益很高。此时如果我们盲目地去追买收益率最高的产品是一件危险的事情，因为当大盘下跌时，这种收益率奇高的基金往往会以更快的速度下跌，下跌的幅度比其业绩比较基准可能大很多。投资者如果投资这种基金将会承担比较高的风险。

那我们怎么去衡量某只基金的收益所承担的风险呢？简单有效的办法是把收益的波动率作为衡量风险的指标。收益波动率是对收益变化幅度的测量。收益的波动率越大，说明基金承担的风险越大。

假设基金A和基金B有相同的比较基准，但净值曲线的路径不同。基金B的净值曲线比较平稳，每周上涨或下跌的幅度较小。相反，基金A的净值曲线就像过山车一般大起大落，这一周涨了很多，下一周又下跌不少。如果一个月后两者的收益率相等，作为投资者会选择哪只基金呢？显然，在收益率相等的情况下，我们会选择波动率小的，这样至少避免了收益率在大幅波动时所带来的心理压力。此外，即使投资者的心理承受能力较强，仍会倾向选择低波动率产品。原因在于，在投资者需要资金而被迫赎回产品份额时，高波动率的产品意味着有较大的可能会以亏损"割肉"方式赎回。

如果基金 A 和基金 B 的比较基准是不同的，那么情况会复杂些。这时，需要比较超额收益的累计净值，看看超额收益曲线是不是平稳向上的。

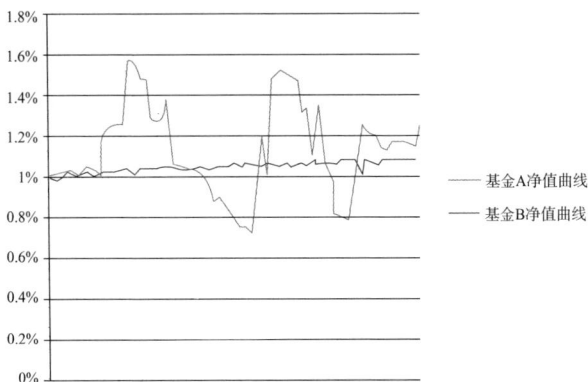

图二　只看绝对收益，不看风险

从风险因素来讲，我们同样会得出相反的结论，即基金 B 优于基金 A。

误区三：关注最大回撤，但不了解其局限性

很多投资者，甚至很多专业人士在进行交流的时候，经常提到一个概念：最大回撤。"最大回撤"表示一个产品在一段时间内资产净值最大的下跌百分比。最大回撤这个概念简单易懂，便于交流，在国内投资界被广泛接受，很多投资者就把最大回撤这个指标等同为风险。然而，使用最大回撤作为衡量风险的标准不够严谨，存在两个严重缺陷。

第一，最大回撤和运作的时间长短相关。在相同的风险水平下，基金运作的时间越长，最大回撤可能越大。这是因为，基金运作的时间越长，其出现净值下跌的"机会"就越多，最大回撤值就可能越大。例如，基金 A 成立于 2010 年，基金 B 成立于 2007 年，如果由同一个基金经理使用相同的策略管理两个基金，经历了 2008 年市场大幅下跌的基金 B 必定会有更大的最大回撤值。因此，当我们比较基金的最大回撤值时，至少需要用相同的时间段或至少相等的时间长度进行比较。

仅关注最大回撤值的大小，我们会认为基金 A 优于基金 B。但考虑到成立时间因素，会得到相反的结论。

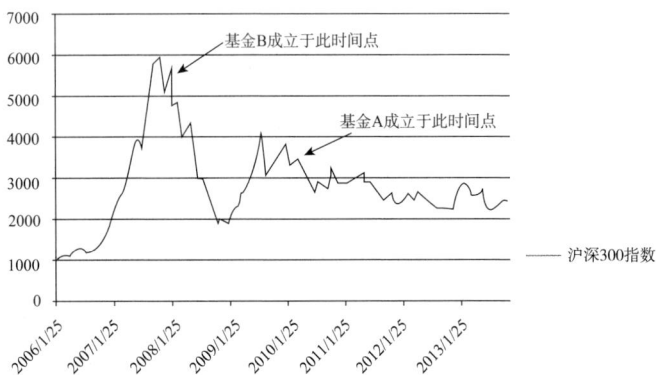

图三　关注最大回撤，但不了解其局限性

　　第二，最大回撤使用的数据较少，衡量风险不够全面。计算最大回撤需要利用的信息较少，所得出的结果是一个单独的数据点，不太具备统计学上的意义。最大回撤最好作为衡量风险的一个补充或辅助指标，而不是作为衡量风险的一个核心指标。

误区四：只关注明星产品，忽略公司整体表现

　　有些公司旗下的产品众多，当中有一两只表现优异，

而其余产品的表现则都是平淡无奇或惨不忍睹。刚开始接触基金的投资者，可能会因为在排行榜上看到某个产品表现良好，位于前列，因而便觉得该基金公司的水平高。

这是一个明显的认识上的偏差。按照下面的例子，不难明白这一道理。

假设基金 A 所属的基金公司 X 旗下有产品 30 个，表现出众的只有基金 A 这一个产品，投资者关注到了这个明星产品，而其余表现差的产品因为没有上榜而被忽视。

反观基金 B 所属的基金公司 Y 同样发行了 30 个产品，而这 30 个产品的排名都在中上游，表现相当稳健，但因其不是处在排名的最前方位置，投资者往往会忽略了这些优秀产品的存在。

事实上，排名在最前的某个产品并不一定代表该公司的整体投研水平或投资能力是最高的。原因在于，里面包含了许多随机的因素，不能排除有赌博或运气的成分在其中。如果我们想评判一家基金公司的表现和水平，不能只看单个产品有多优秀，公司旗下其他产品的历史表现也需要研究。投资者购买某一"明星"产品，比如基金 A，很有可能在购买后业绩就"变脸"，潜在的风险较大。相反，购买基金 B 所属公司 Y 发行的产品，更容易"笑到

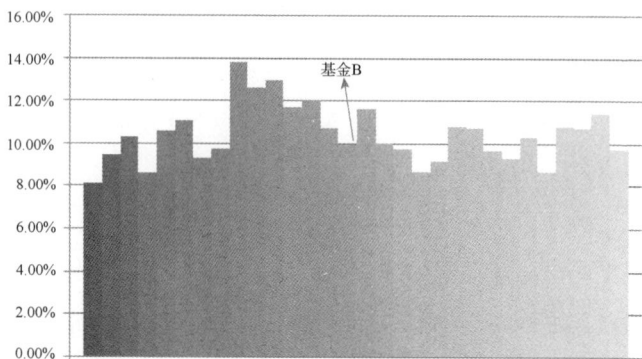

图四　基金公司 X 各产品收益率

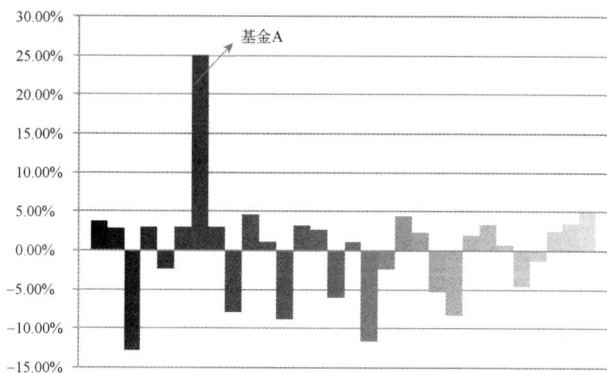

图五　基金公司 Y 各产品收益率

最后"。

在这种情况下，从公司整体表现来讲，同样我们会得出相反的结论，基金 B 所属的 Y 公司水平高于基金 A 所属的 X 公司。所以，选择 Y 公司旗下的基金产品更容易为投资者带来确定的正收益。

正确的方法——靠谱比率

上文提到了投资者日常选择基金的几个误区。如何规避这些误区，我们给出的意见可简单总结为：不能仅依赖收益率，而应多进行一些分析，多了解产生这些收益率背后的东西。这样，可以有效避免陷入很多投资陷阱。

我们推荐采用夏普比率或信息比率来分析，这是一种简便、易于使用的定量分析指标，能够有效地避开前面提到的几个误区。在一些情况下，基金产品的夏普比率或信息比率不会直接披露，投资者需要自行计算或向客户经理、基金评价机构索取。

夏普比率，可俗称为"靠谱比率"。"夏普"与"靠谱"，比较谐音。更重要的是，"靠谱比率"传达了夏普比率的主要含义，易于理解和记忆，容易和普通投资者交流。高夏普比率或信息比率高的产品可持续性强，更能经受考验，更靠谱，投资这样的产品会感觉更踏实。高的收益率很多情况是"赌"出来的或运气使然。然而，能制造出高夏普比率或信息比率业绩的公司，仅仅依靠运气因素或赌博方式的可能性较小。高夏普比率或信息比率的产品，具有较高可能性重复过去类似的业绩。换句话说，高夏普比率或信息比率往往表明投资经理或所属公司有真功夫，一般经得起考验，产品业绩更容易趋同，投资者被基金经理或销售经理忽悠的可能性较小。

夏普比率或信息比率，通俗地讲就是调整风险后的收益，类似于收益风险比。采用无风险收益率作为比较基准时，使用夏普比率比较恰当。比较基准为沪深 300 指数收益率等非无风险收益率时，使用信息比率更为恰当。当然，如果计算信息比率时选用的比较基准为无风险收益率，那么信息比率就变成夏普比率。

如果夏普比率或信息比率高，采用杠杆即可很简便地提升收益率而不需改动投资策略，代价是波动率也会相应地提升或投资风险会加大。投资者需要在风险与回报之间进行一定的权衡，选择风险可承受范围的基金产品。

无论是在国内还是国外，长期来看，比如至少一年期限，要实现"靠谱比率"超过 2 的投资业绩，可持续性很高，难度也很大。投资者应该密切关注这类能长期实现"靠谱比率"超过 2 的基金；我们不建议投资者投资任何"靠谱比率"低于 0.5 的基金。

2014 年 1 月 24 日

现在永远比未来好做 *

现在永远比未来好做是看好中国未来的经济环境

主编：你选择在目前这个时间段发产品的原因是什么？

汪义平：选择目前这个时间段发产品是个很有意思的话题。很多人都会说私募难做，这里面牵涉到一个比较大的题目：我们做私募、做对冲基金的目的是什么？我们的目的是给投资者提供超额收益。超额收益一般是市场无效性导致的，因为市场无效性永远是越来越小，从这个意义上讲，现在发产品永远是最好的时间。我相信明年比今年难做，十年后比明年还难做。所以不要说私募难做，我们不跟过去比，过去更好做，未来更难做。现在大家关心市场点位、经济状况，这些其实跟做私募的目的没有太大

---

* 本文为某专业网站主编于2013年对本书作者的访谈实录。

的关系。如果投资者想买市场的话，他可以自己去买，要对市场做判断的话，他自己可以判断，我们并没有比别人更清楚将来一个月、一年市场是涨还是跌，不会比其他人有更好的判断，就算有更好判断的话，所谓更好的判断，也只是有百分之五十几的可能性，这些是毫无意义的。

主编：在您的量化投资体系中，也有宏观方面的判断，您对未来宏观面的大致判断如何？

汪义平：我对中国经济比较看好。看好，不是说中国经济比以前增长得更快，而是说还会以比较高的速度增长。什么叫以比较高的速度增长？像我们人均GDP目前在5000美元左右，如果还按照5%的速度增长，则还是非常好的经济增长形势，不要去否定它，应该正面看这种事情。

好比说，你在中学是第一名，因为你第一名，考到北大去了，仍然要做第一名，但是做不了，这能说你不够好吗？过去30年中国经济以10%的速度增长，现在经济上了个新台阶，要转型了，台阶不一样了，人均GDP比30年前高多了，这个时候还要求以前那样的增长速度，这是不对的。

就如小的时候身高长得特别快，现在十七八岁比以前长得慢了，这并不是说身体变得不好，而是身体的发育阶段不一样了。我对经济的理解就是这样的。

A股未来十年上万点

主编：你对目前整体市场环境是怎么判断的？

汪义平：我们做私募、做对冲基金，最终目的是为投资者提供超额收益，在这种情况下，我们会关心市场点位，但是我更关心市场有没有创造超额收益的可能性。

我们认为市场创造超额收益的可能性是非常明显的，而且是现在比未来更好，从这个意义上讲，目前市场环境很好。

从相对估值来说，我认为也不会是个差的环境，从市场高低来说，我也认为目前是比较合理的点位。

主编：今年（2013年）3月份举办第七届私募基金高峰论坛的时候，你提出"十年A股上万点"的观点，媒体对这个的关注度还比较高，现在你还是维持这样一个观点吗？

汪义平：这个不会变的，这是个长期的看法。

另外我还要强调一点，长期看法是这样。在我看来，预料短期或接下来三个月市场会怎样走，我觉得这种判断是毫无意义的，一般我不会去做这个判断。

用最小的风险去换取最大的超额收益

主编：介绍下你的产品是怎样的？它的亮点有哪些？

汪义平：之前我对投资者做过调查和研究，投资者说你这个是股票型产品，你要打败市场，我说好，我们去把超额收益挣出来，投资者说打败市场可以，你不能亏钱，这点要保证。

如果你要打败市场的话，你肯定要做很大的仓位，因为市场涨百分之几十的话，如果你没有很大的仓位，你不可能打败市场。在你有很大仓位情况下，如果建立在我们无法很精确地对市场择时的基础上的话，跌的时候就会亏钱。第二个问题你不能亏钱，这个是和打败市场相矛盾的。

我们现在做的这个产品，是在这两个矛盾之间进行折中后推出的，利用我们可以做15%超额收益这条来达到这两个目的。在市场涨的时候，我们要超过市场，涨得比市场还好；在市场跌的时候，我们要不亏钱，要正收益。

当然这是在一个合理范围，大概范围是在市场涨的时候，只在市场涨幅 35% 或以下的时候，我们要打败市场；跌的时候，我们是指市场跌幅不要超过 25%。我觉得在这个范围还蛮大的情况下，我们要保持正收益。

所以，我们产品的亮点是这两个：在市场跌幅不超过 25% 的时候，我们要保持正收益；同时在市场涨幅不超过 35% 的时候，我们还要超过市场。

主编：今年（2013 年）做量化做得最好的是金锝，有接近 20% 的收益率，其他公司的产品收益率在 7%、8%。

汪义平：金锝显然做得非常好，起了很好的示范作用，我也希望有机会能够与他们交流。我们这个产品是有敞口的，我们也会很快做类似于金锝那样的绝对回报产品。

目前我们这个产品收益目标定的是 15%，但是光定目标收益是不对的，一定要定波动目标。我们波动目标定得相对宽松点，为 10% 以下。把这两个数字放在一起，我会把夏普比率定为 2 以上。夏普比率做到 2 以上是相对较难的，能做到的话就是一个非常优秀的产品。

主编：你们公司未来的业务规模是怎样的？

汪义平：我们想做成一个非常优秀的对冲基金公司。我们希望通过二级市场所有投资标的（不光是股票，还有债券、期货及其他的金融产品等，但是基本上会侧重于二级市场），通过对二级市场的管理，给投资者提供一个非常优秀的超额收益回报。

公司的核心目标是用最小的风险去换取最大的超额收益，这样我觉得才对得起我们的投资者，在这个过程当中，我们会不断消灭市场的无效性，这对资本市场也是有好处的，也会增加资本市场的流动性。

资产管理的核心优势是人才

主编：你们公司的团队情况如何？

汪义平：我们团队有三个人是从美国回来的，包括我自己、蒋晓飞博士、石梅，我们在美国做了十多年的对冲基金。刘启浩博士曾在申银万国、银河证券等公司负责量化研究，还有几个年轻人。在接下来的几个月，还会有几个人加入我们，他们做过很长时间的 A 股市场资产管理，有做债券的、做基本面研究的、做量化的，等等。

主编：大岩资本的核心竞争优势是什么？

汪义平：做任何资产管理，核心优势永远是人。你看我们团队的人，既有国内的经验，又有国际的经验。在量化对冲这一块，比如你刚刚提到的金锝，他们的核心成员也是从美国回来的，在美国做得非常优秀的人回到中国，可能有机会做得更好一点。不是因为从美国回来的人多优秀，而是说我们有经验了，知道里面的沟沟坎坎。

大家会问一个问题：中国市场跟美国市场有什么不同？我们通过逻辑推理，通过对过去数据的测试，通过现在的实践，我们得出一个很肯定的结论，用对冲量化的方法来做投资，中国市场跟美国市场最大的区别，中国市场好做，好做很多。

我们在美国用的技术，在中国基本上都能用得上。中国有些特殊情况用不上这些技术，我们就对这些做特别研究，比如涨跌停板、ST*。我们对这些特殊情况，每个都做了研究，研究表明所有这些中国特有的东西，大部分是能够给我们提供额外收益的来源，不是坏事。所有奇奇怪怪

---

* ST：在股票领域指上市公司连续两个财年亏损而被特别对待的股票。

的东西一定会跟自由市场相矛盾，人为的跟自由市场矛盾的东西，一定会给市场带来无效性，而这种无效性正是我们要找的东西。

主编：前几年从海外回来的管理人所做的产品，业绩不如他们在海外做的产品，市场上有这方面的忌讳。

汪义平：这种情况可以理解，这里面有几种不同的情况。一种情况是他在国内没有海外做得好，但更大的可能就是他在海外实际上做得并不好。如果在海外真的做得很好，用我的话来说，他的投资夏普比率很高，回到中国，业绩一定不会差。所谓做得不好的人，在国外夏普比率可能做得很低，只是在国外豪赌被他赌中了，但回到中国，豪赌几把，可能会赌输的。

夏普比率做得很高的人，不是豪赌，他是靠辛勤劳动把市场的无效性一点点地找出来，一点点地把它累积起来，交给投资者。这是一个非常科学的过程，它所受到的市场不确实性、波动性的影响比那些豪赌的受到市场不确定性、波动性的影响要小很多，因此它的肯定性会大很多。

你去查他们过去的海外业绩，如果业绩很稳定，回到国内翻船的可能性很小。咱们说一个标准，如果夏普比率等于 1 或以下，我们不去谈它，到哪里都有可能失败。如果 1 以上，它成功的概率还是蛮大的，如果是 2 以上，我不相信它到中国会有失败的案例。

主编：现在国内量化人才还是比较稀缺的，你对目前和未来的人才环境是怎么判断的？

汪义平：首先我觉得中国人非常聪明，做量化研究、量化投资，其实就是要聪明，但是这些人才是匮乏的。现在做金融工程的、做量化的人很多，我们说的匮乏是指这些人虽然懂数学方面的东西，但他们对市场的理解不到位，所以他们经常会用纯粹数据的办法去理解一件事情，这样是错的。数学也好、物理学也好、系统理论也好、概率论也好，这些东西都是我们的工具而已，不是说有了这些东西就可以做得好，你要先理解市场。

其实从投资意义上讲，基本面研究也好，其他方法也好，都是把超额收益拿到，交给投资者。所以我们的目的是一样的，针对的市场也是一样的，问题是一样的，结论也是一样的，就是用的工具不一样而已。从这个意义上讲，基本面研究、量化研究是没有什么区别的。

分散投资控制风险极端情况人为干预

主编： 在风控这一块，你们具体是怎么把控的？

汪义平： 将来我们会做市场中性的产品，所谓的市场中性产品，就是把市场风险完全对冲掉。现在的产品是刻意留了些风险敞口，留了风险敞口的理论根据是股票市场仍然是各种流动性比较好的投资品种当中最好的、收益最高的。从人类历史看是这样，从中国股票市场历史来看也是这样。别看最近跌了一些，中国股票市场二十多年以来，平均年回报率是15%。流动性好的投资品种，我觉得适当地有些风险敞口是可以的。

我们现在产品留了敞口，但怎样管理风险呢？首先应该做的一件事情就是分散投资，所以我们的投资中，一般来说100只股票算少了，这本身就回避了很多个股风险。我要强调的一点：很多人会问我的重仓股是什么。我做了深刻的研究，如果你有重仓股，除非你有内幕消息，否则至少在国外，你会欠投资者一个解释：你为什么会重仓这个股？投资者一定会问你这个问题，特别是专业的投资者，如果你有只股票占了整个资产的10%，他就会问你这样做的原因。所以那不是件很值得自豪的事情，那会让别人觉得你不是很专业或者你在赌博。我们的做法是分散投资多只股票，这是第一个分散风险的控制办法。

当然我们在市场出现极端情况之下，会用我们的团队经验做一些人为的决策。举个例子，我管理的基金，在美国互联网泡沫和"9·11事件"，以及金融风暴的影响下，都为投资者带来了正回报，为什么？那就是风险管理的结果。

风险管理除了一些量化办法、分散投资，我们还会用自己的一些经验去应付市场的突发事件，这些我们认为业余的投资者是没有能力做到的。

主编：你们投资的股票怎么选的？是依据基本面还是技术面？

汪义平：首先我们选的股票，不是放着不动的，我们是经常换仓的。如果经常换仓的话，不是仅根据基本面的，所以我们的股票投资是基本面、量化、套利所有技术相结合的产物。

主编：刚才你提到一个人为干预的过程，有人提了个观点：随着未来的发展，人为干预还是要加入程序化交易里面，这一点特别对大型的基金而言，是非常重要的。你怎么看这个观点？

汪义平：人为的干预是必须有的，同时人为的干预必须是最少的。这是个自相矛盾的话题，如果你认为人为干预好的话，你干吗还要用机器呢？用机器的原因是我们在搜罗市场无效性的过程中用了很多科学方法。科学方法本身跟我们人为决策有两个非常不一样的东西：第一个是大量的数据处理，人为决策没有时间去处理大量的数据，而机器可以；第二个区别是机器是没有感情的。我们在搜罗市场无效性的过程中发现，很大一部分的市场无效性是由于其他投资者的心理导致的，既然其他投资者心理能够导致市场的无效性，那我们在推广我们的理性、使用我们的理性的同时，如果我们把心理情绪也带进去，那我们就是自己跟自己对着干了。

我们不排除干预模型的可能性，特别在市场出现极端情况之下，市场极端情况是容易判断的，我们的原则是在极端的情况下可以干预，在不极端的情况下绝不干预，我们会把人为的干预降到最低的程度。

主编：你说的极端情况，主要分哪些情况？

汪义平：比如说 2008 年的金融风暴。很大程度上讲 2007 年的"大牛市"也是极端情况，没有理由那么涨的，整个市场在干一件很没有理由的事情，这是从市场的角度来看的。

从个股角度来看，也会有极端情况。一般来说会表现在个股的基本结构发生变化的时候，可能是比较极端的情况，其他情况并不多。

把逻辑使用到极限，无限地逼近真理

主编：量化投资也是投资思想的反映，是实现投资思想的工具，你们的投资思想是什么？

汪义平：我把话题说得稍微大点、广点。在我自己的投资生涯当中，有两个人严重影响了我的思维，这影响是很正面的影响。第一个人是 16 世纪法国的数学家帕斯卡，他在讨论赌金分配的时候，开创了人类第一次用概率论想问题。他认为未来是未知的，虽然是未知的，但是是有概率的，既然是有概率的，今天做的决定，唯一可依靠的基础就是对未来不确定性的预估，在这个预估的前提下，今天做了个最佳的决定。

我们有个计算机语言叫帕斯卡，有个压强的单位叫帕，也都是以他的名字命名的。后来我在美国做对冲基金，也做了个叫"帕斯卡"的对冲基金，也是以他的名字命名的。他说虽然未来有不确定性，但不确定的东西并不代表是不可分析的。比如说我把一枚硬币抛起来，不知道它是正面朝上还是反面朝上，但是这是可以分析的，如果你抛 100 次的话，很可能是 50 次正面向上，50 次反面向上。所以不确定并不代表不可分析，越是不确定的东西，越要把分析用到极限，这是第一个影响我思维的人。

第二个人也是个数学家，他说过这么一句话，大意是：逻辑是不可战胜的，你要战胜逻辑首先使用逻辑，你要批判逻辑不对，你得使用逻辑去看，逻辑本身是不可战胜的东西。这句话深深地影响了我的投资过程。简单地说，符合逻辑的东西不一定能赚钱，但是不符合逻辑的东西肯定不行，我肯定不会让不符合逻辑的东西进入我们的系统。

所以我们的投资方法是这样：首先我们充分使用逻辑，把逻辑使用到极限，用我的话来说，就是无限地逼近真理。真理不一定能够找得出来，但是我们要从逻辑上无限逼近真理，这是第一个投资理念。

第二个是越有不确定性的东西，我们就越要下功夫去分析它。在分析的过程当中肯定有很多假设，但是对我们自己有个严格的要求：你可以用假设。但是你不要把假设想当然，跟逻辑混在一起，假设就是假设，比如说我的观点认为，接下来的十年时间中国经济会比较好，股票市场会涨，这里边有很多假设。有假设没有关系，你可以通过假设得到结论，为什么？因为这个假设有 80% 的可能性，但是你要知道这个假设是个不确定性的东西，在知道什么是假设的前提下，去用严密的逻辑推理得出结论。这就是我们做投资的一个核心的方法，几乎所有的投资决策都是在这个投资框架下完成的。

寻找无效性，消灭无效性

主编：在你看来，量化投资的本质和核心是什么？

汪义平：量化投资跟基本面投资和其他投资，从我刚才说的框架上讲，没有任何区别，都是要用逻辑的方法、分析的方法，去把一个有不确定性的东西搞清楚。只不过量化投资更多使用数学的工具，也更节约了人的时间，特别是做一些短期的决策。

虽然量化方法用了过去很多的统计结果，但是它背后的思考，跟基本面研究也好，跟其他投资也好，思考的方法必须是一样的。你不应该说我是量化，我的思考是不一样的，这是不对的，思考必须是一样的。

其实思考的核心非常简单，在我现在能拿到的所有信息的前提下，我对未来、一个事件、一只股票、一个投资策略，要做彻底的分析，我不一定能够分析得完，但是我能分析多少就分析多少。做什么研究都是一样的过程，只不过是量化的东西分析好之后，把它格式化、规范化，它更多地利用统计学。

你让我赌抛一次硬币是出现正面还是反面，我不跟你赌。你让我赌抛硬币 100 次，我会赌 50 次是正面、50 次是反面，那样的可能性比较大；或者我会赌，至少有 40 次是正面，那我赢的可能性相当大，但你要说抛一次，我没法跟你赌。这就是为什么我们会用分散投资、为什么我们会用更多的股票、为什么我们会经常调仓。

我们要用大量的案例、大量的东西，把必然性从一大堆偶然性当中挤压出来。本来我们做的每一件事情都有巨大的偶然性，有时 90% 以上是偶然性，只有百分之几的必然性躲藏在里面，但是我们把它堆在一起的时候，把它一压，跑出来的全部是必然性，偶然性则扔到渣里去了。这就是为什么量化投资的回报看上去像一条直线，因为它把偶然性给压掉了，像榨油一样，把必然性榨出来了。

主编：你怎么理解市场无效性？

汪义平：所谓无效性，就是说市场上的标的，它没有把市场上应该反映到的信息反映到它的价钱上，它的价值跟它的定价有偏差。定价有偏差，只有两种可能：要么是我们定价的人被约束了，不让我们自由定价；要么是我们定价的人脑子出问题了（心理上的东西），只有这两大类的东西会导致定价出问题。当然还有一种情形会使定价出问题，就是信息不对称，我不去用它，我们也不去做这一块，因为这是不合法律法规的。

剩下的是心理的状态和监管的约束，导致定价的偏差、定价的无效。比如说涨停板，涨停板停在的那个价格是个没用的价格，显然是个无效的东西。还有比如说大宗交易，它会导致大宗交易的价格跟当天的价格之间有个差价，这个也是无效的价格。

我可以讲一个简单的无效性的例子。一个投资者十块钱买了一只股票，今天跌到八块钱了，他说要止损，卖了。还有一个投资者说十块钱买了一只股票，跌到八块钱，被套牢了，不卖，要一直等到它涨回十块钱再卖。一个说到八块钱一定要卖，一个说到八块钱一定不卖，听上去他们两个都有道理，实际上这两个人都没有道理，两个人都做错了。做错了会有什么关系呢？假如说我们90%的人都是套牢的想法，而不是止损的想法，那么股票从十块钱跌到八块钱，所有人都不卖，市场上自然而然买的人就会多一点，因为大家都不愿意卖。大家不愿意卖，这八块钱是不反映股票实际价值的，这股票实际价值可能是六块钱、七块钱。这股票从十块钱跌到八块钱，不能反映出这股票实际价值是七块钱这一事实。这就是无效性了，这是套牢想法所导致的。止损的想法会导致另外一个无效性。

十年后无效性带来的超额收益会降至 10%

主编：之前你说过一句很有意思的话：你们做量化投资，是找出市场的无效性，消灭市场的无效性，之后把自己给消灭了。那你认为在中国的话，这个过程需要多长的时间？

汪义平：我们认为现在市场的无效性带来的超额收益可以做到 15%，我们是有根据的。我们认为这 15%，在未来五年里面，可能会从 15% 掉到 12%，在未来十年里面会掉到 10% 或者更低。在这十年里面，肯定是有值得玩味的事情，十年内完成应该是没问题的。

主编：如果无效性降低该怎么进行资产管理？

汪义平：作为一个职业管理人，如果市场上的无效性没有了，你的工作就没有了。但是这里面有一个自相矛盾的东西。有一帮职业投资者，他们天天找无效性，找到最后市场无效性没有了，市场就很有效了，然后就不需要他们了。好了，他们回家了，没人找无效性了，无效性又全冒出来了。所以它一定是个动态的平衡，平衡到这个无效性差不多刚刚让这些职业投资者能够为客户提供一个合理的超额收益。

现在我们的超额收益是 15%，是非常合理的。正常情况下的收益是 3%，你涨到 15%，哪有这么好的事情。如有这个事情，那就是做这个事情的人还不够多，做这个事情花的力气，应该跟你拿到的收益成正比。打个比方，在一个比较小的城市里开超市，第一家超市很挣钱，第二家超市比较挣钱，如果开五家超市，肯定是大家都没饭吃的，最后会保留三家，虽然这三家会有饭吃，但日子不会过得特别好。

主编： 未来的无效性会下降，收益率也会下降，怎么才能实现持续的盈利，实现复利？

汪义平： 所谓的下降是个缓慢的过程。我说现在超额收益是15%，十年以后是10%，但10%以上仍然是个好的东西。作为职业的投资者，现在的市场情况，我们能把它做到15%，如果未来情况比现在有下降的话，我们希望通过我们技术的提高，通过我们的努力，让我们仍然能够拿到15%，市场无效性的总和必须大于15%。如果金矿的含金量降低了，但我的冶炼技术提高了，炼出来的金子总量差不多，即使金矿含金量逐年下降，我希望我们的冶炼技术不断提高，金子产量是一样多。

股票市场机会大于期货市场

主编： 你认为在中国，量化投资在股票市场上机会大点，还是在期货市场上机会大点？

汪义平： 总体来说应该是股票市场上的机会大一些。

因为股票的标的比较多，你能做的事情比较多，出现无效性的品种也比较多。你发现一个无效性，又单做这无效性的话，风险其实挺大的，如果无效性堆在一起的话，你的整体的超额收益会非常稳定。

总体来说，股票会比期货好做，相对于其他品种来说，股指期货应该是最难做的东西。稍微理论化一点，正态分布你是无法预测的，换句话说正态分布是最有效的，一个绝对有效的市场一定是正态分布的。既然这样，股指期货反映的因素是所有上市公司的一个整体，沪深300所有公司做成整体放进去。有更多投资者做这件事情，有效的可能性都比个股有效的可能性要大，在股指期货赚钱的难度要比做个股的难度大得多，但是它的流动性比较强，还是会有很多人去做这种事情。商品期货比股指期货好做些，机会多一些。

行业存在良莠不齐现象，更加科学评价对冲基金

主编：量化投资这两年发展得比较快，你怎么看量化投资在中国的前景？

汪义平：未来规模和市场的占比一定会不断地增加，

因为这个地方能够产生超额收益。

这里讲另外一件事情。在华尔街的投行里面，有自己的自营部门，可以拿自己的钱去做，他一般做得比较小心，他跟你说这股票好那股票好，这是胡扯的事情。在华尔街的投行里，有做股票自营的，我没听说过做基本面股票自营的，都是用量化的方法去做，为什么？因为更靠谱一点。

我们公司会有基本面的研究，但是我们要逼近真理，要把自己逼得最有逻辑化，不是说随便拍脑袋做决策。量化投资能够提供非常稳定的超额收益，好比马路上有颗糖，蚂蚁一会儿就来了，而且会越来越多，最后把糖吃了，这会是将来中国量化投资的发展方向。

主编：你对未来量化投资的发展趋势是怎么判断的？比如偏向高频之类的？

汪义平：都有可能。做量化的人里面，有很多聪明的人，他们一定会找出各种各样的办法，把这块"糖"给吃了。至于是高频也好、低频也好、中频也好，这些取决于无效性出现在哪里，也取决于你做这件事情所受到监管方面的约束在哪里。

主编：未来如果逐步放开的话，你们会做高频吗？

汪义平：会做，我们不会放过任何机会。平台基金跟我们公司的哲学思想相同，都是说要用自己最大的分析能力，把市场无效性最大可能地集中起来，所以我们不会排斥任何一种方法。

主编：你对日内趋势是怎么看的？

汪义平：任何一种具体的方法，一旦做的人多了，很可能就不管用了，主要原因是来自市场的无效性。导致市场无效性的是中小投资者。

主编：你认为中国量化投资存在哪些不足？

汪义平：从职业经理角度或者从公司层面讲，这里面会有一些良莠不齐的现象。量化投资里有一个很麻烦的地方：它本身是个很复杂的东西，在这上面，还有一个更大的麻烦，职业经理不愿意说，他不想告诉客户，因为这是他的秘密，他告诉客户，他就没饭吃了。所以我给你讲的时候，我不可能把我所做的事情讲给你听。既然这样的话，会做的和不会做的，懂的和不懂的，就更难区分了。

本来这个复杂的东西，经理给客户讲不清楚，现在经理还不愿意跟客户讲，客户怎么知道职业经理会做不会做？这对投资者来说可能是件不好的事情。

所以我非常强烈地呼吁，中介机构或者像专业网站这样的第三方机构，要努力完善中国资本市场、完善职业投资者与投资者的关系，在这些事情上面，要起非常重要的作用。我也呼吁能不能把量化投资甚至所有投资评估系统做到最科学化，就像我们公司运用逻辑一样，我能把工作逻辑化到什么程度就逻辑化到什么程度。

我认为最好有个好的鉴别方式，无非就是两方面：一方面就是它的业绩，把更多的收益与风险综合考虑，不要光考虑收益或光考虑风险，数据点越多越好；第二方面是对做这件事情的人的考量、团队的考量，对团队的考量其实不是那么难，跟他们谈谈，问他们一些问题，他们的整个思路是不是逻辑化，是不是有道理。如果专业网站等第三方机构能把它们区分开来，做一个很好的评估系统，我觉得对中国资本市场是非常有贡献的。

主编：在中国，您认为哪些人群适合量化投资？

汪义平：几乎所有投资者，都应该找夏普比率最高的产品，这点是很毫无疑问的。量化是一种方法，并不是太重要。如果你知道一个投资产品夏普比率很高——能够持续做到 2 或者以上的话，那是非常适合投资的。

投资是用今天的钱去赌明天

主编：你是怎么理解投资的？

汪义平：我想写本《投资的逻辑与谬误》，第一章第一节就叫"投资"。我在互联网上找了下关于投资的定义，看了后非常不满意，无论从口语化的角度还是专业化的角度，说得都不靠谱。

从专业化角度来看，所谓投资，就是用今天的现金资产去交换未来的不确定的现金流，并希望在这个过程中有所收益，这个过程叫投资。它有几个特征：第一个是交易。投资是门交易，我今天把钱给你了，你把对将来的许诺给我了，这是笔交易；第二是用确定性去交换不确定性；第三是希望在这个过程中有收益；第四是用现在去交换未来。其实说得更简单，用今天的钱去赌明天。

那投资应该怎么做？我们会对今天做精确的分析。能精确到什么程度？就是我所说的要尽量地逼近真理。这是我对投资的理解。

主编：你认为投资者要取得成功的话，哪些素质是比较重要的？

汪义平：对普通投资者来说，我认为投资这件事情有两大方面的功能。第一个功能是获取利益，从这个角度来说，他们应该做指数型的产品或者把钱交给真正的职业投资人，只有这两个选择。

另外一个功能是娱乐性。我们每个人都希望自己过得幸福，用炒股做娱乐是可以的，但是你要认识到你做的是什么事情，如果你认识到你做的是娱乐，你不会用很多钱去做这件事情，否则的话是不可以做的。

2013 年 9 月 9 日

科学投资 *

　　我做投资做了 20 年，在 20 世纪 90 年代，我拿个旅行箱装现金在上海的静安寺买卖股票，后来又去华尔街做投资。这 20 年做下来，我对投资有着非常重要的心得。

　　投资这个东西，20 年以前刚开始做投资的时候，我认为大概能懂百分之八九十，做了 20 年下来呢，我认为现在我才懂了百分之四五十。

　　在做投资之前，我做过 17 年的科学研究，那 17 年间也小有成就，得过奖，发表过论文，做过教授，等等。后来我去了位于华尔街的所罗门兄弟公司做投资，从那个时候开始，我便尝试用神经网络的识别系统、用投资理论、用专家系统、用各种可能的办法去做投资，就这样一下子做了这么多年。这么多年做投资的过程中，有成功，有失败，有经验，有困惑。做科研和做投资的不

————————

* 　此篇根据作者现场演讲录音整理而成。

同经历使我产生了把科学和投资结合起来一起做"科学投资"的想法。

首先，当我们说科学投资的时候，我们首先要想，什么是科学，什么是投资？什么是科学，不用解释了。什么又是投资呢？很多人在回答我的问题时，认为"投资就是一个以钱生钱的过程"。钱之所以能生钱是因为金钱有时间的价值。但是大家来看一看欧洲，看一看日本，甚至是中国，我们的实际利息是负的，这与钱的时间价值形成了悖论。这种情况下，钱是不能生钱的，唯一能够带来"收益"的东西，其实是风险。所以，投资实际上就是一个"用风险去交换收益的过程"。这一点非常重要。可能有很多人认为太简单了，但是必须记住，投资就是"用风险交换收益的过程"。因此什么叫"投资做得好"，可能就是说在用风险去交换收益的过程中，交换得划算了就是好，交换得不划算就是不好。比如说，有人到澳门去赌博，赌了一大把，挣了百分之一万。但是那个投资不好，因为在那么大的风险下进行投资是不划算的。所以，投资的目标非常清楚，做投资的人就是要让"风险交换收益的过程变得最划算"。换句话说，要用最小的投资风险去换取最大的收益。这是任何一个专业做投资的人必须有的目标函数，当然也是我的目标函数，我就尽量做这样的事情就可以了。但是，我们会遇到巨大的困难。

我们遇到的第一个大困难，是我们投资所涉及的领域是一个大的系统。我们投资所要分析的系统，是经济系统、社会系统、政治系统，是一个巨大到连里面有多少参数都不知道的系统。我们在做宇宙飞船上的机器人设计时，机器人的参数是有限的，罗列后可以一个一个分析，然后把东西做出来。可是，当我们研究一个经济系统的时候，它的参数是无穷多的，有很多参数我们根本都不知道。

我有一个观点：用宏观经济理论对金融市场进行分析是很不靠谱的东西。因为大系统会让我们失去分析的能力，宏观经济分析应该不是一个好办法。

在我们实现用低风险去交换高收益的这个目标函数的过程之中，会遇到的第二个困难是投资这个大系统会遇到的所有的事情都具有极大的随机性，或者叫不确定性。在我们的人生当中有两样东西永远控制着我们：一个叫作时间，你逃不掉，每分每秒都在控制你的行为；还有一个，就是不确定性。而这个不确定性，在投资过程中无所不在。比方说一个投资策略，前三个月赚钱了，但是因为有随机因素的存在，就完全可能是碰巧了。所以，赚钱了，并不一定说明你这个策略有用；亏钱了，并不一定说明你这个策略是错的。这便给我们的研究带来了巨大的困难。

有了这两个困难以后，我们基本就会束手无策。

但是，我们还会遇到第三个更大的困难。我们研究的所有的科学系统差不多都是物理系统。比如说研究大气来做天气预报，研究机器人为人类服务，等等，这些都是物理系统。可是投资要研究的系统是一个有人参与的系统，是一个不确定的超级大的系统，也是一个博弈的系统。所以在上述三大困难条件约束下去寻求用风险交换收益，几乎是一件不可能的事情。

于是，我们把投资称为"既是科学的又是艺术的东西"。为什么说既是科学又是艺术呢？因为有了这些约束之后，我就完全没有能力弄懂了，而弄不懂的东西不就叫作艺术吗？所以很多人说投资是一个科学艺术的过程，我把它解释成：作为一个问题，它既有科学的成分，也有艺术的成分。可是，这样一个既有科学成分又有艺术成分的问题，解决手段却必须是完全科学或者尽量科学的。所以我们可以用一个尽量科学的办法去解决这样一个复杂的问题。我们怎样去解决这个问题呢？我在美国待了20年后回到中国，创立了一个公司叫大岩资本。那么大岩资本是怎么解决这个问题的呢？我们认为，虽然这个东西很复杂，很多地方超越了科学研究的范围，但我们还是试着尽量用科学的办法去解决所有的问题。严密的逻辑推理是我们在投资的过程中第一个要用到的东西，我们要用严密的逻辑推理，去找出投资的办法。如果逻辑推理找不出来，那我们就用下一个东西，叫作科学实证，就是在大量的科学数据之中寻找有道理的能代表未来的东西。如果科学实证还不行的话呢，我们就会用到一个不常用的东西，叫"经验"。

到了经验这个层面，我就不太喜欢了。为什么说我不太喜欢经验？因为经验是人生过程当中所遇到的有限的个案的集合。个案的有限性会导致统计结果的偶然性。而这个偶然性会误导人们偏离正轨，因此我们对经验的使用非常非常谨慎。虽然我自己也有 20 年的投资经验，但仍然对经验的使用特别慎重。如果经验还不行的话，我们就剩下常识了。常识在我们的行业里面是特别需要被摒弃的。所谓常识，是指我们投资之外的其他领域的经验。爱因斯坦说："常识就是人在 18 岁之前形成的各种偏见。"所以我们不能相信常识。在常识后面还有一个人们常用的东西，叫感觉。在大岩的晨会上，如果有人说他觉得市场里面会涨，那我会说这是"你觉得"。"觉得"这个词一点用都没有。因此我们把严密的逻辑推理和科学实证融合到一起，形成一个科学的投资方法。根据这个投资方法我们就能把前文所说的许多困难和问题解决。对于投资我常说自己只懂百分之四五十，所以我只是局部地解决这些问题。

现在市场上有很多投资方法，经常听到的是一个叫作"自上而下"的投资方法。自上而下的分析就是对宏观经济中诸如进出口的数据、PMI等各种参数进行分析，我们会听到"中国的宏观经济太糟糕了，未来三个月股票会跌"之类的言论，但是投资系统是大系统，大系统里边有多少个参数都搞不清楚，想通过对这些参数进行预测去找出未来短期股市的走势，这显得不太科学。咱们可以回顾一下，整个2015年股市从2000多点涨到5000多点，再从5000多点跌回2000多点。在这个过程当中，宏观经济发生什么变化没有？最多从"一带一路"变成了"一路一带"。但是我们的股市却发生了天翻地覆的变化。为什么？就是因为金融市场是一个超级大系统，所受到的影响不仅来自宏观经济，还有无处不在的博弈。所有人认为它会涨它就会涨，认为它会跌它就会跌。如果你去问巴菲特要不要买股票啊，巴菲特会说，要买，会涨。然后你问他，今年会不会涨呢？不太知道；这个季度会不会涨啊，我不知道；明天会不会涨啊，上帝知道……

那么，如果自上而下的分析方法有问题的话，人们就想出了另外一个办法，那就是自下而上。

那么自下而上怎么分析呢？我跟踪过很多公司，历时三年、五年甚至更长，甚至连有的老板的孩子结婚我都知道，所以特别了解那些老板能干什么事情。基本上，我了解他的公司，我知道他的事情，我知道有没有价值、应不应该投资、未来他好不好，等等。然后就去重仓他公司的股票，就这么一来，应该靠谱了吧？我认识的一位深圳创业板老板曾跑来问我："汪博士，你帮我看一看，我那个股票怎么涨那么高啊？"过了三个月，他又跑来问我，说他的股票怎么跌得那么低啊？这是个典型的例子，他是公司的老板，是大股东，而且有能力有方法影响他自己股票的价值，但连他自己都搞不清楚自己的股票涨跌剧烈的原因，那么一个研究员跟踪了他公司三四年，参加过他儿子的婚礼，有什么用呢？而且还敢重仓？在美国，绝大部分投资基金选择重仓一只或几只股票是要跟投资者道歉的，因为相当于拿投资者的钱去赌博。我们实在没法确定哪只股票一定会上涨，因为这个东西受太多因素影响了。这个超级系统的随机性太大了，这是我们遇到的第二个问题。

还有一个最普及的投资方法，叫价值投资。价值投资就是我研究一个股票，我知道它值十块钱，它现在的股价是五块钱，于是我就长期持有，看上去一切都很美。假如我是基金经理，就有问题了。长期持有的逻辑，是因为这只股票从五块钱涨到十块钱的时间是未知的，要靠其他人认识到它的价值，把股价抬上去到了十块钱就可以出来了，所以要长期持有才对。这看上去很有道理，但是忽视了一个基本的认知：金融市场是一个博弈系统，在博弈系统当中不去计算和思考别人什么时候认识到它的价值，就等于是放弃了博弈。如果我是投资者，我把钱交给你管，你有什么理由要放弃博弈呢？所以说价值投资、研究价值是对的，但长期持有有严重的问题，因为你放弃了博弈的过程。如果你在投资期间主动地参与博弈，所获得的收益可能会更大。举个很常见的例子，在公募基金里面，很多个人非常有投资纪律的一件事情，就是不管什么仓位，如果这个股票是十块钱买的，要是跌到八块钱，跌了20%的话，一定会止损。还有一种情况就是被套牢的人说，他坚决不卖。都是十块钱买的股票跌到八块钱了，一个人说坚决要卖，另一个人说坚决不卖。我们大岩一直在倡导严密的逻辑，在严密的逻辑分析之下，我们认为两个做法都错了。错得非常离谱、非常简单。为什么说他们是错的？做任何一个投资都是用风险交换收益的过程，低风险是未来的风险，高收益也是未来的收益，也就是说我们面对的这个投资是关于未来的。所以当股价在八块钱的时候，我们唯一要做的事情是研究这个股票未来是涨还是跌。止损的人和被套牢的人连想都没有想，只是根据自己的盈亏情况来做了今天的决定，这种没有经过预测未来就做出的投资决策，百分之百是错的，所以说止损和套牢都是错的，而且错得非常简单、非常离谱。

这种错误为专业投资者提供了纠正错误的机会。就好比做科学研究的人发现某个研究不科学，就要用科学的方法去纠正。那么怎么纠正上述讨论中所举案例的错误呢？一个人止损没关系，八块钱是一个合理的价位，如果发生群体性止损，你持有的股票是八块钱，是它合理的价位，但从八块钱开始止损的人把它打到七块钱、六块钱、五块钱，到最后止损结束了，而这个时候我们就可以进去啦，因为止损是没有道理的东西，止损本身根本就没有分析未来，所以价格很快就会回来，就这么简单。我认识到系统当中有这样一些机会，认识到这些投资理念里面有这样一些错误，但是我不喜欢"投资理念"这个词。"理念"听起来像是宗教而不是真理，投资绝对是一个追求真理的过程。

总有人说，"我就是这个投资理念，我相信这个东西是对的"。"相信"有时候是自己忽悠自己的东西，才导致会有那么多人做止损和套牢。而我们找出了止损和套牢的原因，知道为什么不能去做。

完全按照盈亏来做决策是投资过程出了问题，也是我们思维出了问题。问题在哪里？在决策心理方面。假设一个投资产品亏了20%。我作为一个做投资20年的人知道，亏损20%是有可能让人睡不着觉的，是一件很可怕的事情。但是如果此时卖掉了，心里就会安逸很多，所以止损只是满足心理需要。

所有这些发现，都是建立在我们严密的推理之上。经常有人问到人工智能的东西，我们做投资的框架里面已经相当智能化了，用了计算机的能力，也用了我们团队集体的这些严密的逻辑推理的过程，把这些东西变成策略，把策略变成公式，用公式构建模型，把模型放到电脑里面去，用电脑辅助我们决策。这个过程效果非常好。整个过程，我们只做了一件事情，就是通过严密推理和科学实证，把偶然性给去掉，把必然性给拿出来；把噪音给去掉，把音乐给拿出来；把感性去掉，把理性给拿出来；把艺术给去掉，把科学给拿出来。我们把风险降低了，我们把收益提高了，这就是科学投资的第一个目的。这样我们就能为投资者获得低风险高收益的回报。

但是我认为一个科学的东西仅此而已是不够的。所以，科学投资的第二个目的是维护金融系统的生态健康。金融行业本身是没有生产力的。我读了那么多年书，本来是做科学研究的，那是有生产力的，但是做金融投资是没有生产力的，无非就是把钱从这搞到那，又从那搞到这。但是，金融系统是实体经济的"供血系统"，它的地位举足轻重。就好比我们的心脏不能直接去搬东西，可是没有心脏我们不可能搬东西一样，没有金融系统，实体经济是不可能发展成现在这样，更不可能走到更高的阶段。所以金融不仅重要，而且极其重要。金融系统的健康保证了实体经济系统的健康，而要维护金融系统的健康正是科学投资的任务。所以，我们除了要让投资者获得低风险高收益的回报，在做这个事情时还要努力对金融市场做出贡献。这便是我们科学投资的另外一个目的。

这件事可以从我们人类初始阶段讲起。人类最早的时候由古猿进化而来。回想在整个进化发展的过程当中，甚至短短的几百年前、几千年前，我们就只关心生存、关心能不能吃饱。因为长达几百万年的进化过程，都是以生存为目的的，这对我们的神经系统和我们的心理系统造成很多的缺陷，有贪婪、恐惧、心理账户等各种各样的缺陷。这些缺陷会被带到投资里面来，而这些缺陷在投资里面表现出的反应，会对市场造成极大的破坏性。而我们的科学投资就是要弥补人性的缺陷对投资市场的影响。

人与机器有类似的地方，都有硬件和软件。人的硬件就是神经系统，人的软件就是心理，神经系统是可以分析的，心理也是可以分析的，所以人的这些缺陷都是可以分析的。

让我们具体看一看跟人性有关系的一些问题。第一个是在不确定性中对风险的认识问题。当你试图去拆除一个定时炸弹的时候，会有什么感受呢？会担心，会特别害怕，这是理性的象征。说明我们进化得还是比较好的。

我们知道有风险，但有没有不怕风险、想要风险的时候，或者有没有主动追求风险的时候呢？别以为人遇到风险就回避，人其实是喜欢追求风险的，所有的进步最根本的动力就是我们人类追求更美好的生活，否则人类进步就不会存在。如果我们能够体会一把在不确定的环境当中，通过自己的努力也好、运气也好，拼一把，如果拼赢了，那个时候是非常开心和满足的。所以我们对风险有另外的态度。有时候我们会想承担风险，这似乎很奇怪，但是很重要。有一个很典型的例子，就是玩电子游戏。年轻人为什么喜欢玩电子游戏，因为在虚拟世界他们能经历各种风险，能够战胜风险，而且能从风险中走出来，并且能得到甚至立刻得到回报，比如说在游戏中累积了多少分或者在游戏中杀死了多少人会得到相应的物品奖励。

另外一个例子就是炒股票。因为在炒股票的过程当中，有体验风险的感觉，有人炒股票赚的钱比上班挣的工资要多得多，也有人不但不赚钱甚至还亏钱，但股民们还是乐此不疲。这个就是我们市场化过程中，因为人性的进化而带来的一个巨大的问题，造成了大量的散户去炒股。比如 2015 年，就有大量散户用杠杆去做股票。这里面涉及一个专业性的问题。人们头发长了要去找理发师，马桶坏了也得去找一个修马桶的人来修，人生病了就更要去找医生，为什么呢？因为他们专业。而投资股票这件事，比修马桶、理发要难得多，而且这么一件涉及很多金钱极其重要的事情，怎么就能自己做决定呢？唯一能解释这种现象的原因就是：整个投资的过程实际上是在满足心理的需求。

因此，我给所有非专业做股票的人几个忠告：第一，好消息，股票可以继续做；第二，做股票唯一的目的，只能是娱乐——没有任何投资的意义。

也有人反对说，有些散户是很厉害的。其实，"牛散"的存在，仅仅是一个概率的问题。回顾过去十年，所有散户每年都会去猜自己手上股票的涨跌，每一千个人里面，总会因为随机和运气的因素有一个人每年都赌对，换句话说，每一百万个人里面就有一千个人十年都赌对。所以说非专业炒股只是满足心理上的需要，这个心理不要紧，个人可以亏钱，但是，大量非专业人士参与炒股之后，就会把二级市场搞得一塌糊涂，搞得暴涨暴跌。如此一来，金融市场为实体经济供血的作用就会被严重削弱甚至不存在了。任何金融系统，不专业的散户总是起破坏作用的，而加了杠杆的散户则是最可怕的。

举个例子。2008年的金融海啸，大大影响了全世界的经济，美国的次贷危机是主因。政策允许零首付买住房，等于把房地产杠杆扩展到无限大，零首付把这个世界搞得一塌糊涂。所以在听到一些机构推出首付贷的时候，我感到毛骨悚然。这个跟零首付是一模一样的东西，如果能够持续增温的话，那将会是一个极其危险的信号。

话说回来，这些散户的力量会把整个市场搞得乱七八糟，那么我们专业做投资的人、按道理做的人应该怎么办？我们做两件事情：要么"动口"，要么"动手"。

所谓"动口"是说让这些金融学教授去写一些东西，去发表论文、演讲，把道理跟大家讲清楚，不希望他们把自己的钱亏了，还被市场弄惨了。所以我们跟大家讲道理；如果"动口"不管用就"动手"，怎么动手？通过交易，用道理去赚钱。我们2015年做了很多产品，当时任何人在任何一个时间点买我们的产品到年底都是赚钱的，我们用资本的力量告诉市场，什么是对的什么是错的，用正确的力量去纠正市场的错误。正是这个资本的力量说服了投资市场上很多专业的机构跟我们合作，把更多的资本交给我们。在这个过程当中，巴菲特先生起了极其重要的作用。如果把巴菲特的业绩与市场做对比的话，在50年前，巴菲特每年比市场多跑25%，但是50年之后的今天，最近的十年他只比市场多跑2%，巴菲特的业绩减掉市场业绩是一个下降的曲线。这是一个非常重要的曲线。这个曲线是什么含义？是"聪明的钱"与市场之间的距离，50年前这个距离是25%。巴菲特最近十年只超过市场2%，又说明什么？说明我们的市场变得更加有效了，只有有效的市场才会为实体经济提供最好的"供血"服务。

回过头来看中国市场，我大概估算了一下，我们现在因为有百分之八十几的散户，市场的无效性很大，所以说我们现在有30%—40%的超额收益的空间。而我们所代表的科学投资的力量，我的工作，就是将这30%—40%的收益中的一部分放到投资者手上。在这个过程中，我们不断地告诉不专业的投资人，说我们在做专业的投资，你们不要做自己不擅长的事情。长此以往，散户在市场所占的比例会逐渐减少，逐渐减少对所有的人都好，对散户本人来说是好事情，对市场更是好事情。美国50年前散户数80%，中国现在散户数80%，希望未来它会变成只有百分之二十几，而且它肯定会变得只有百分之二十几。在散户不断减少的过程中，我们能拿到的超额收益也会逐渐变小。从这个意义上讲，我们所从事的专业投资的工作一方面是给投资者赚钱，另一方面是在自掘坟墓，让从市场中赚取超额收益的机会变得越来越小。但是，我们做了两件好事，也就是做投资的两个目的。一个是创造低风险高收益，另一个是让市场变得更好。两件事情都做完，中国的散户投资者比例从 80% 降到 20% 至少需要 10 年到 20 年的时间。在这期间，我们会不断地去讲、不断地去做，我们希望中国的金融市场变得越来越好。但是，外国经济学家也好中国经济学家也好，所有曾经看扁中国经济的人，都一定会被证明是错的。

过去的几十年，美国的宏观经济学家从中国改革开放的头十年开始便断言，"未来十年中国的经济不能高速增长"。然而辛辛苦苦等了十年，等到了百分之十几的增长率。然后他们再等十年，又等十年，等了几十年、焦虑了几十年，中国的经济依然在高速增长，这几十年充分地证明他们对中国经济所有的预测都是错误的。中国的宏观经济学家也经常看扁中国宏观经济，说"2012 年会是最困难的一年"，然后"2013 年会是最困难的一年""2014年会是最困难的一年"，类似的言论我们都很耳熟，但是我想说的是，如果把中国近几年的 GDP 曲线画一下，将是一条完美的上升曲线，直接证伪了"经济周期论"，这三四十年不论有没有经济周期，中国经济完全处于不断增长的过程中。现在拿着 6.5% 的增长率，说中国经济在走下坡路，是完全不懂数学的表现。6.5% 的增长率，只不过是代表增长速度变缓。一个孩子十二三岁的时候每年达到 10 厘米的增长速度，到 20 岁的时候每年长 6.5 厘米，然后说他的发育开始走下坡路是不科学的。中国经济现在的人均 GDP 是 8000 美元，在世界上按照每年 10% 的比率增长了几十年，人均 GDP 到 8000 美元之后，未来还按照每年 5% 以上的速度增长，这已经是人类发展的奇迹！

中国经济高速发展的背后有三个最根本的推动原因：第一个是政府的智商，是说 1979 年后的中国。第二个原因，是这个民族有能力。我们数千年的文化不是嘴上说说的，我们是有能力的民族。第三个原因，就是有动力。放眼全世界，中国人比任何一个国家的人都更爱钱。我们有智商，有能力又有动力，所以停不下来。

所以我相信中国的经济是好的，未来也会好，而且会越来越好！我们也相信，科学投资会为中国经济的美好未来锦上添花。

2016 年 9 月 26 日